Bärbel Klein

Glücksorte in Wiesbaden

Fahr hin und werd glücklich

Droste Verlag

Für Sebastian, denn mit Dir ist jeder Ort ein Glücksort!

Liebe Glücksuchende,

Wiesbaden trägt den Zweitnamen „Nizza des Nordens“, und zum Glück ist es in der Stadt am Fuße des Taunusgebirges tatsächlich ein bisschen wärmer als an vielen anderen Orten der Republik, und so fühlen sich nicht nur Weinreben, Palmen und Feigenbäume in der Region wohl. Das sogenannte „Savoir-vivre“ ist hier an vielen Orten zu finden, und schon die Römer entspannten in den heißen Quellen. Auch heute ist die Kur- und Bäderstadt ein Ort für Erholung und Wellness, und so ein Bad in der Therme macht allein schon glücklich. Einen Höhepunkt erlebte die Stadt dank des Tourismus um 1900, die Einwohnerzahl stieg, deshalb sind viele Häuser und Villen in dieser Zeit entstanden. Im Zweiten Weltkrieg wurden nur wenige historische Gebäude zerstört, und so gibt es im Stadtkern viele Gebäude aus der Gründerzeit und sogar eine regelrechte Jugendstil-Meile. An manchen Ecken in der Stadt hat man das Gefühl, die Zeit sei stehen geblieben. Mit der Stadt Mainz, die gegenüber am anderen Rheinufer liegt, steht die Kurstadt in einem immer wieder befruchtenden Wettbewerb, mal hat die eine Seite, mal die andere die Nase in Sachen Kultur und Beliebtheit vorne. Wiesbaden ist vielfältig, urban und gleichzeitig grün und zudem maritim, weil es am Wasser liegt. Die Glücksorte in der Innenstadt erkundet man am besten zu Fuß oder mit dem Bus und natürlich mit der Nerobergbahn, dem Glücksort Nr. 1.

Ihre Bärbel Klein

Deine Glücksorte ...

… noch mehr Glück für dich

Mit Wasser den Berg hinauf

1 *Fahrt mit der Nerobergbahn*

Rund 300.000 Fahrgäste werden jährlich mit der historischen Nerobergbahn befördert. Seit 1888 fährt sie unermüdlich den steilen Neroberg mit bis zu 25 Prozent Steigung und einer Strecke von knapp 500 Metern hinauf. Wenn es mit rund 7,3 Stundenkilometern wieder bergab geht, kann es einem schon mal flau im Bauch werden. Das technische Wunderwerk funktioniert mittels Wasserkraft. Es gibt zwei Waggons, der obere wird, je nach Last, mit Wasser befüllt und zieht dann durch die Schwerkraft den Waggon ohne Wasser von der Talstation nach oben. Ist der Waggon unten in der Talstation im Nerotal angekommen, wird das Wasser abgelassen und für den oberen Waggon wieder hinaufgepumpt – für die nächste Fahrt. Die Nerobergbahn gehört zu den letzten aktiven mit Wasserballast angetriebenen Drahtseil-Zahnstangenbahnen. Seit Kaiser Wilhelms Zeiten rumpeln die beiden Waggons ohne große Zwischenfälle den Berg hoch und runter. In Zeiten der Feinstaubdiskussion bekommen solche Beförderungsmittel irgendwie eine ganz neue Bedeutung, und da die Parkplätze oben rar sind, macht es nicht nur Spaß, sondern auch Sinn, die Bahn zu nehmen. Die Bahn ist bei Bedarf ebenfalls Standesamt, denn man kann sich im Waggon auch das Jawort geben. Nicht nur Touristen, auch die Einheimischen fahren regelmäßig mit der Nerobergbahn, und gerade im Sommer nutzen viele Jugendliche sie auf dem Weg hinauf zum Opelbad, denn die Fahrt ist im Freibadticket enthalten. Manchmal werden die Plätze knapp, und nur der im Freien, neben dem Schaffner, ist noch zu besetzen. Doch egal wo man einen Platz findet, die Fahrt mit der Bahn ist immer ein großartiges Erlebnis. Wer sich mehr für die Technik interessiert, kann eine individuelle Führung buchen, und in dem ehemaligen Toilettenhäuschen in der Nähe des kleinen Bahnhofs erhält man weitere Einblicke, kann sich das Bremssystem genau erklären lassen oder historische Dienstanweisungen bestaunen. Es gibt Filme und Fotos in den sozialen Medien und seit dem 150-jährigen Jubiläum auch ein Buch über die Nerobergbahn, denn sie ist etwas Besonderes.

Nerobergbahn Wiesbaden, Wilhelminenstraße 51, Nerotal, 65193 Wiesbaden, Tel. (06 11) 45 02 25 50
www.eswe-verkehr.de/nerobergbahn

ÖPNV: Buslinie 1, Haltestelle Nerotal (direkt bei der Nerobergbahn)

Ausgang
Eingang
Bahnanlage
Betreten für Unbefugte verboten

Fine Dining mit Ausblick

2 *Bistro des Restaurants Ente*

Der kleine Ableger der traditionsreichen „Ente“, dem einzigen Sternerestaurant in der Stadt, ist das Bistro, das durch einen separaten Eingang über die Wilhelmstraße zu erreichen ist. Die bodentiefen Fenster bieten einen tollen Blick bis zum Theater und Kurhaus, während man vielleicht Champagner zu den Austern schlürft oder ein feinperliges Mineralwasser zum täglich wechselnden Mittagstisch. Seit 1980 ist das Restaurant Ente durch die renommierten Restaurantkritiker des Guide Michelin mit einem Stern gekrönt und zählt somit zu den besten Restaurants in ganz Deutschland. Seit vielen Jahren ist Michael Kammermeier für die Küche verantwortlich und hält Jahr für Jahr den Stern. Er lässt regionale Klassiker in neuem Glanz erscheinen und überrascht mit einer modernen Bodenständigkeit auf höchstem Niveau. Alternativ zum Sternerestaurant empfiehlt sich ein Besuch im Bistro. Die Gerichte, die im kleinen Ableger „Enten-Bistro“ auf den Tisch kommen, stammen ebenfalls vom Team rund um den Küchenchef Michael Kammermeier, die Speisen sind nur ein bisschen schlichter als nebenan. Hier isst man von regional bis mediterran, und die Stilrichtung erklärt man als „fine dining – simply casual“. Viele Geschäftsleute, aber auch Paare, genießen das Mittagsmenü, und wenn zum Beispiel ganz bodenständig Backfisch mit Kartoffelsalat auf der Karte steht, schmeckt dieser ganz vorzüglich. Der langjährige Restaurantchef begrüßt jeden Gast mit viel Herzlichkeit und kümmert sich persönlich um jeden Wunsch. Abends ist das Bistro in gemütliche Beleuchtung getaucht, und die schummrige Atmosphäre lädt ein zum Candle-Light-Dinner. Im Sommer sitzt man draußen an kleinen Tischen, etwas vom Bürgersteig abgegrenzt, und es fühlt sich ganz unkompliziert nach Straßencafé an und ist doch Fine Dining. Ein Besuch ist immer etwas Besonderes. Schade, am Sonntag und Montag bleibt das Restaurant geschlossen.

Ente-Bistro, Kaiser-Friedrich-Platz 3, 65183 Wiesbaden, Tel. (06 11) 13 36 66
www.nassauer-hof.de
ÖPNV: Bus 1, 8, Haltestelle Theater/Kurhaus

Ist es Gold, was da glänzt?

3 *Russisch-orthodoxe Kapelle*

Seit Wladimir Putin 2007 zu Besuch war, sind die goldenen Kuppeln der russisch-orthodoxen Kirche auf dem Neroberg wieder auf Hochglanz poliert. Das Wahrzeichen von Wiesbaden ist weithin sichtbar und ein wunderbarer Ort zum Innehalten. Manche nennen sie „griechische Kapelle", doch das ist nicht ganz richtig, denn es ist eine russisch-orthodoxe Kirche und der schönste Sakralbau in Wiesbaden. Der damalige Architekt reiste extra nach Russland, um sie nach dem Vorbild der Moskauer Erlöser-Kirche zu bauen, und seither besticht das Bauwerk durch seinen besonderen Stil. Sie ist eine Touristenattraktion und aus Wiesbaden nicht mehr wegzudenken, denn die Kirche und der Platz rundum sind einfach wunderschön. Die Lage mitten im Stadtwald mit einem großartigen Blick über die Baumwipfel ist so sehenswert, dass auch Wiesbadener regelmäßig vorbeikommen. Liebespärchen, Touristen und Wanderer mischen sich auf dem Kirchenvorplatz mit Gläubigen, und alle genießen den Ort. Nachts treffen sich hier oben Nachtschwärmer, denn der Platz hat einfach etwas Magisches, und die fünf goldenen Kuppeln strahlen besonders schön im Mondlicht. Auch das Innere der Kirche ist sehenswert, und während der Öffnungszeiten ist die Besichtigung gegen eine geringe Gebühr möglich. Der Innenraum ist üppig mit Gold und Ikonen dekoriert, und der Blick nach oben in die Kuppeln ist ein Traum. Der Anlass für den Bau 1847 indes war ein trauriger, denn die Kirche wurde anlässlich des frühen Todes der 18-jährigen russischen Prinzessin und ihres Babys von dem trauernden Witwer Herzog Adolf von Nassau erbaut. Da es im 19. Jahrhundert in der Region viele russische Touristen gab, formte sich bald eine Glaubensgemeinschaft, und bis heute ist es eine aktive Kirchengemeinde. Hinter dem dazugehörigen Pfarrhaus liegt der russische Friedhof, auf dem sich zahlreiche Fürstengräber aus dem 19. Jahrhundert befinden. Wer gerne Friedhöfe besucht, sollte sich dies nicht entgehen lassen. Alternativ kann man einen Spaziergang zum Neroberg hinauf machen und dort oben im Ausflugslokal eine Erfrischung zu sich nehmen. Runter fährt es sich ganz bequem mit der Nerobergbahn.

Christian-Spielmann-Weg 2, Neroberg, 65193 Wiesbaden, Tel. (06 11) 52 84 94
ÖPNV: Bus 1, Haltestelle Nerotal, weiter mit der Nerobergbahn oder zu Fuß

Planschen im Kulturdenkmal

4 *Freibad Opelbad*

Das Opelbad liegt am Südhang des Nerobergs, und von dort oben ist der Ausblick phänomenal. 1934 in einem klaren, modernen Baustil errichtet, zählt es bis heute zu den schönsten Freibädern der Republik. Der weiße Baukörper mit den angrenzenden Terrassen erinnert an ein Schiff, und nicht umsonst ist das Opelbad heute ein Kulturdenkmal nach dem Hessischen Denkmalschutzgesetz. Der Bau war durch eine Stiftung des Geheimrats Wilhelm von Opel ermöglicht worden und schon damals ein Besuchermagnet. Sukzessive wurde die Anlage erweitert, und inzwischen hält eine moderne Solartechnik die Wassertemperatur konstant auf 24 Grad. Man schwimmt in einem hochmodernen Edelstahlbecken und kann mit jedem Zug die Aussicht über die Stadt genießen – also fast ein Infinity-Pool. Besser geht's nicht! Die einfachen Umkleidekabinen und Duschen sind schon ein bisschen in die Jahre gekommen, doch immer gepflegt und sauber, und nach einem kühlen Bad im Regen ist eine heiße Dusche im Anschluss ein Genuss. An sonnigen Wochenenden reicht die Schlange an dem kleinen Kassenhäuschen trotz der etwas höheren Eintrittspreise bis zum Parkplatz. Das Bad ist sehr beliebt. Auf der Liegewiese ist sehen und gesehen werden die Devise. Stammgäste bevorzugen die ruhigen Morgenstunden, denn das Bad öffnet bereits um 7 Uhr, und selbst bei Regen und kühlen Temperaturen sind immer Schwimmer da. Man kennt sich schon und verabschiedet sich bei Saisonende im September Jahr für Jahr zum nächsten Frühling. Sind die Temperaturen noch kühl, erfreut man sich an der kleinen Sauna, in der man sich nach dem Schwimmen aufwärmen kann. Zur weiteren Ausstattung des Bades gehören eine Wasserrutsche, ein Planschbecken, Tischtennisplatten, ein Beachvolleyballfeld und eine große Liegewiese mit altem Baumbestand. Jedes Jahr öffnet das Bad Anfang Mai. Den wahren Charme dieses Bades erlebt man ganz besonders am frühen Morgen, wenn es fast leer ist. Dann steht man an der Reling und schaut bis weit hinter Mainz, lässt die Gedanken ziehen und fühlt sich wie auf einem Hochseedampfer auf großer Fahrt. Ahoi!

TIPP

Das Restaurant Wagner im Opelbad bietet von der Terrasse denselben herrlichen Blick.

Freibad Opelbad, Neroberg 2, 65193 Wiesbaden, Tel. (06 11) 17 46 49 90

ÖPNV: Bus 1, Haltestelle Nerotal, den Berg hoch mit der Nerobergbahn

Wiesbaden hat einen Hafen

5 *Der Schiersteiner Hafen*

Wiesbaden liegt am Wasser, doch das ist in der Innenstadt kaum zu spüren. Umso mehr dafür im Stadtteil Schierstein, dort entdeckt man im Yachthafen neben schönen Yachten einige kleine, einladende Restaurants, sodass ein bisschen das Gefühl von Saint Tropez aufkommt. Man kann am Hafen die Mittagspause oder einen ganzen Tag verbringen, und bei Sonnenschein, vielleicht mit einem Aperol Spritz in der Hand, fühlt es sich an wie Urlaub an der See. Der Hafen ist ein Traum, und die Feuchtwiesen im Hafengebiet sind auch für andere Lebewesen attraktiv, nämlich für Störche. Das Überschwemmungsgebiet des Rheins rund um das Gelände des Wasserwerks bietet ideale Bedingungen für die Großvögel. Rund 25 Storchenpaare fühlen sich in der Region inzwischen so wohl, dass sie gar nicht mehr in den sonnigen Süden aufbrechen, sondern in Wiesbaden überwintern. Die Schiersteiner sind stolz auf ihre Störche, und man hat sogar überlegt, eine Ampel im Ortskern mit einem Storchenbild zu versehen. Live kann man die Störche zum Beispiel in dem weithin sichtbaren Storchennest auf einem stillgelegten Schornstein in der Küferstraße beobachten. Jahr für Jahr wird hier gebrütet, und als der Schornstein saniert werden musste, geschah dies ganz behutsam, und in der nächsten Saison übernahm das Storchenpaar den sanierten Turm wieder für ein neues Nest. Das ist schon etwas Besonderes. Einmal im Jahr ist beim Verein für die Störche ein Tag der offenen Tür, und ebenfalls einmal im Jahr, nämlich immer am zweiten Juliwochenende, findet direkt am Yachthafen das Schiersteiner Hafenfest statt. Dann tobt in der beschaulichen Ecke der Bär. Zwar ist der Rummel mit den Fahrgeschäften nicht jedermanns Sache, doch das Feuerwerk mit seinem Farbenrausch am nächtlichen Himmel setzt Glücksgefühle frei. Die Hafenregion ist in jedem Fall sehenswert und bietet sich für ausgedehnte Spaziergänge ebenso an wie für einen Bummel am Wasser. Wer im Anschluss noch etwas zur Geschichte des Vororts erfahren möchte, geht ins Heimatmuseum Schierstein (Alte Hafenschule, Zehntenhofstraße 6).

TIPP Die Dyckerhoff Brücke (1964) ist eine Leichtbetonbrücke mit sehr großer Spannweite.

Schiersteiner Hafen, 65183 Wiesbaden
ÖPNV: Bus 23, Haltestelle Schiersteiner Hafen

Phoenix

Im Blütenrausch

6 *Blumenladen Adam & Efeu*

„Blumen sind einfach 100 Prozent Liebe“, sagt Klaudia Vermeer, die Inhaberin des Blumenladens und zeigt zur Bestätigung auf eine Hortensienblüte. Die Blütendolde ist perfekt schön, als hätte jemand am Computer die Blütenblätter optimiert, nur um damit Menschen glücklich zu machen. So unterschiedlich Blumen auch sind, sie sehen von Natur einfach so schön aus, dass einem oft die Worte fehlen. Um die Einzigartigkeit von Blumen und Blumengebinden zu erleben, braucht es einen gut sortierten Blumenladen, in dem die einzelnen Blumen und Pflanzen genug Raum bekommen, um ihre Strahlkraft auch verbreiten zu können. Dafür fährt man dann vielleicht besser raus aus der engen Stadtmitte, und genau dort draußen, im Vorort Schierstein, trifft man im Blumenladen Adam & Efeu auf Klaudia. Ihre Blumenkreationen sind immer überraschend und treffen direkt ins Herz. Manchmal sind auch Pfauenaugen, Wiesenblumen oder sogar Baumrinde verarbeitet – es wird jedenfalls nie langweilig. Besonders herausragend und ausgefallen sind die Brautsträuße. Aber konträr dazu widmet sich das Blumengeschäft auch der Grabpflege. Das klingt vielleicht ein wenig abwegig, doch zufällig befindet sich genau gegenüber ein kleiner Friedhof, und wenn man an einem Sommertag die Grabreihen entlang- spaziert, dann sieht man sofort die Unterschiede bei den Blumendekorationen. Darauf angesprochen klingt es plötzlich ganz natürlich, dass die Blumen für ein Grab genauso liebevoll zusammengestellt werden wie für die Liebste. Ja, Blumen kommen doch immer von ganzem Herzen – wie schön, wenn ein blühendes Grab genau das ausstrahlt. Auf dem benachbarten Friedhof spürt man die Liebe der Menschen zueinander, einzelne Gräber sind so liebevoll gestaltet, dass das Herz Luftsprünge machen möchte. So nah ist plötzlich das Glück dem Unglück, und gleich fühlt man sich voller Tatendrang und Lebensmut. Dazu passt, dass die Schiersteiner Störche gegenüber auf den Auenwiesen ihre Heimat gefunden haben. Blumen sind einfach Leben und Liebe.

TIPP

Hier finden regelmäßig „Art Nights“ statt: www.artnight.com

Blumenladen Adam & Efeu, Elbestraße 6, 65201 Wiesbaden
www.adam-efeu.de
ÖPNV: Bus 171, 5, Haltestelle Schierstein-Friedhof

Heimat für Kreative

7 *Das Café an der Ecke*

Das Eckhaus mit einladenden Stühlen vor der Türe ist ein Coworking-Space, und dabei ist es viel mehr, denn es ist die Heimat für Kreative, Einzelunternehmer und Gründer, für Kaffeeliebhaber, WLAN-Surfer und seit Neuestem auch für Freunde eines schnellen Mittagstisches, denn es wird ein guter, frisch zubereiteter Lunch angeboten. Mal ist es ein Eintopf oder ein indisches Curry, und beim Essen genießt man zusammen das heimelige Wohnzimmer-Ambiente. Auch abends wird regelmäßig etwas geboten – sei es ein Wine Tasting, eine Lesung oder ein Konzert. Das Publikum ist gemischt und auf jeden Fall offen für Neues. Die Netzwerktreffen sind für die meisten die erste Gelegenheit, einfach mal vorbeizuschauen, denn dort erhält man Tipps und Kontakte. Im Heimathafen-Blog heißt es so schön „Was den Heimathafen ausmacht, sind die Menschen und das Netzwerk dahinter (...)" Selbstständige können sich in dem stilvoll renovierten Eckhaus Büroräume oder ganze Konferenzräume anmieten, und inzwischen fragen auch große Unternehmen die Räume an, um sie für Workshops oder für Think-Tanks zu nutzen. Manchmal findet ein Bloggertreffen statt oder eine private Veranstaltung, und so hat schon der eine oder andere seinen runden Geburtstag hier gefeiert. Sehr innovativ ist das Team rund um die Macher des Heimathafens, immer gibt es Innovationen, und die Themen, die bei manchen Diskussionsabenden angesprochen werden, sind schon auch mal politisch und einen Schritt nach vorne gewagt. Da wundert es nicht, dass weitere Ideen auf die Verwirklichung warten. Die beiden Gründer engagieren sich sehr für das Kreativzentrum „Altes Gericht" im benachbarten Viertel, und man darf gespannt sein, welche der visionären Ideen umgesetzt werden. So oder so hat der Heimathafen schon viel frischen Wind in die Stadt gebracht, und ein Besuch ist in jedem Fall inspirierend. Bei einem frisch gebrühten Kaffee oder einer leckeren hausgemachten Limonade philosophiert es sich großartig über ein aktuelles Thema.

TIPP Die Veranstaltungsreihe „Frühstückssalon" von Jule Jankowski ist einmalig und sehr anregend.

- **Heimathafen Coworking & Café, Karlstraße 22, 65183 Wiesbaden, Tel. (06 11) 94 58 03 90 www.heimathafen-wiesbaden.de**
- **ÖPNV: Bus 17, 22, 24, Haltestelle Kirchgasse, Bus 1, Haltestelle Rheinstraße, 10 Minuten Fußweg**

Hol dir einen neuen Style

8 *Die Mode-Boutique Hush Hush*

Klein und fein ist die Boutique am Rande des Marktplatzes mit dem coolen Namen Hush Hush. Was als Pop-up-Store begann, ist heute eine abwechslungsreiche Boutique mit Stammpublikum und nicht mehr aus Wiesbaden wegzudenken. Paris, London oder Berlin – in den angesagten Modemetropolen sucht Meike Vogel, die Inhaberin der Boutique, ganz exklusiv die besten Teile aus. Abseits des Trubels können sich dann interessierte Frauen bei Espresso oder Champagner inspirieren lassen, Styles ausprobieren und sich bei kompetenter Beratung neue Mode aussuchen. Entweder man kommt während der Öffnungszeiten in die Boutique oder man vereinbart einen exklusiven Einzel-Beratungstermin mit der Inhaberin. Dann hat Meike Vogel ausreichend Zeit für den exklusiven Stylecheck. Monatlich gibt es immer wieder etwas Neues zu entdecken, denn es treffen regelmäßig Trendteile aus den Metropolen ein, und für jede Größe und für jeden Geschmack und Geldbeutel findet sich ein tolles Outfit in dieser kleinen, aber feinen Schatztruhe. Einen ganz besonderen Service bietet Hush Hush für die Kundin, die nicht persönlich in den Laden kommen kann. Dann wird eine „Stylingbox“ versendet. Ein Stylisten-Team stellt mit viel Herzblut ein perfekt auf den jeweiligen Typ abgestimmtes Outfit zusammen. Diese werden dann fotografiert, damit die Kundin anhand der Fotos die Kombinationsmöglichkeiten sehen kann, und ab geht die Post. Alles, was nicht gefällt, wird von der Kundin wieder zurückgeschickt. Mit diesen Styling-Boxen werden regelmäßig Frauenherzen in ganz Deutschland glücklich gemacht. Ein weiteres Highlight bei Hush Hush sind die angesagten Private Shopping Partys. Eine kleine Gruppe modeinteressierter Frauen trifft sich zur Styling-Session bei einem Glas Champagner. Es werden tagesaktuelle Themen diskutiert, über Gott und die Welt parliert und natürlich neue modische Varianten probiert. Anmeldung per E-Mail über die Website.

TIPP

Im Brillenfachgeschäft nebenan gibt's was für die Augen, nämlich schicke Brillen.

Hush Hush – Showroom for Luxury Fashion, De-Laspe-Straße 3, direkt am Markt, 65183 Wiesbaden Tel. (06 11) 44 75 51 15, www.hushhush-showroom.de

ÖPNV: Bus 1, 8, 14, 17, 21, 23, 24, 47, Haltestelle Dernsches Gelände

Hush Hush
Showroom
NEW SEASON
I LOVE
FASHION FOR YOU
I LOVE

Garten Eden

9 *Schlosspark Biebrich*

Der Schlosspark am Biebricher Schloss ist weitläufig, und selbst als Einheimischer entdeckt man immer wieder neue Ecken. Rundherum tobt der Verkehr, doch im Park selbst ist es beschaulich: Rentner spazieren, Jogger trainieren, und mancher rennt geschäftig durch den Park und nimmt den Fußweg als Abkürzung. Eine bunte Mischung von Bewohnern trifft man hier, und wenn dann an Pfingsten jedes Jahr das internationale Pfingst-Reitturnier stattfindet, dann mischt sich auch internationales Publikum unter die Einheimischen. Im Westteil des Parks liegt die Orangerie, die aus der Mitte des 19. Jahrhunderts stammt und noch heute zur Unterstellung der frostempfindlichen Kübelpflanzen des Schlossparks genutzt wird. Daneben befindet sich das Ananas-Gewächshaus, in dem einst die südländischen Früchte für die herzogliche Tafel kultiviert wurden. Dort beginnt auch der Pomologische Garten mit seltenen Apfelbäumen. Der ist besonders für Gartenliebhaber einen Besuch wert. Geht man weiter in den östlichen Teil, steht mittendrin die Burgruine Mosburg mit großem Weiher und Springbrunnen. Bin ich jetzt in Schottland, fragt man sich vielleicht, denn das Bauwerk wurde 1805 als künstliche Ruine im „romantischen Stil" erbaut, und neben der Kaiserin von Österreich soll auch Richard Wagner schon um den Schlossparkweiher spaziert sein. Auch heute sieht man eine kleine Gruppe Frauen: Das sind die Gründerinnen, die sich hier regelmäßig zum „Walk and Talk" treffen. Ebenso gibt es die Gruppe joggender Mütter mit Kinderwagen, die sich über die sozialen Medien regelmäßig zum Sport im Park verabreden. Im Winter wird es dann wieder ruhiger. Ein einsamer Spaziergänger geht entlang der mächtigen Kastanienbäume, vielleicht ist der Teich zugefroren, oder Schnee liegt auf der Wiese. Einmal im Jahr aber wird das Mosburgfest gefeiert, und die Ruine ist dann mit bunten Strahlern illuminiert. Die Biebricher lassen die Korken knallen und erfreuen sich an der schönen Burg am Weiher. Danach ist es wieder still im Park.

Am Parkfeld 15, 65203 Wiesbaden-Biebrich
ÖPNV: Bus 4, 14, 38 und 39, Haltestelle Herzogsplatz und S-Bahnhof Biebrich

Sektstadt Nr. 1

10 *Sektkellerei Henkell*

Für den besonderen Moment haben doch die meisten ein Piccolöchen im Kühlschrank stehen. Wer hat's erfunden? Die Henkell Sektkellerei in Wiesbaden. Wiesbaden ist nämlich Sektstadt und zudem Hauptsitz der Sektkellerei Henkell. Fährt man die Biebricher Allee entlang, ist das imposante Stammhaus nicht zu übersehen. Es begann mit Henkell Trocken, denn der Weinhändler Adam Henkell, der in Frankreich die hohe Kunst der Champagnerherstellung erlernt hatte, eröffnete 1856 seine eigene Schaumweinfabrik und brachte so die französische und deutsche Weinkultur zusammen. Mit Erfolg, denn bereits 1910 ist Henkell Marktführer in Deutschland. Für die kleinen Glücksmomente wurde dann Mitte der Dreißigerjahre die 0,2-Liter-Flasche entwickelt, und der „Piccolo" war erfunden, und bis heute ist die Bezeichnung exklusiv für die kleine Henkell Trocken-Flasche markenrechtlich geschützt. Auch heute wird sie immer noch gerne gekauft, obwohl der deutsche Sektkonsum sich eher in Litern messen lässt. Laut Verband der deutschen Sekthersteller trinken wir Deutschen alleine ein Viertel des weltweiten Sektkonsums, was etwa 450 Flaschen im Jahr oder rund 3,8 Litern pro Kopf entspricht. Na ja, wenn's halt auch so schön prickelt? Wer sich mehr für die Herstellung des Schaumweins interessiert, sollte unbedingt eine der Führungen besuchen, mit dem Aufzug bis tief in die Weinkeller des Hauses hinunterfahren und dabei Einblicke in die Sektherstellung, Abfüllung und Etikettierung erhalten. Neben dem Seiteneingang gibt es auch einen kleinen Shop, in dem sämtliche Sekt- und Champagner-Erzeugnisse gekauft und verkostet werden können. Sehr schön sind vor allem die Events im prächtigen Henkell-Stammhaus. Neben Konzertveranstaltungen findet zweimal im Jahr die Sekt-Nacht, eine Gala-Party im Foyer, statt. Im Monat Mai findet außerdem der Sekt-Tag, ein Tag der offenen Tür mit Musik und genussvollen Momenten, statt.

Henkell & Co. Sektkellerei KG, Biebricher Allee 142, 65187 Wiesbaden, Tel. (06 11) 6 30
www.henkell-sektkellerei.de
ÖPNV: Bus 4, 14, Haltestelle Wiesbaden Sektkellerei Henkell

HENKELL TROCKEN

Welche Therme heute?

11 *Thermalbad Aukamm oder Kaiser-Friedrich-Therme*

Egal in welcher Therme, in Wiesbaden lässt es sich gut baden. Wie zu Kaisers Zeiten mit Jugendstildekor an den Wänden und dem Charme einer historischen Badeanstalt kann man in der Kaiser-Friedrich-Therme entspannen. Das Haus wurde 1913 fertiggestellt und spätestens, wenn man die Badeempfehlungen an der Kasse erklärt bekommt, wird klar, dass es sich nicht um das übliche Spaßbad handelt. Das Bad ist ein Schmuckstück mit Keramik und Fresken aus dem späten Jugendstil, und zumindest einmal sollte man es gesehen haben, wenn nicht zum Baden, dann bei einer der Führungen, die außerhalb der Öffnungszeiten regelmäßig angeboten werden. Kinder sind nicht zugelassen, denn das Bad ist komplett textilfrei. Es gibt verschiedene Dampfbäder, und das Herzstück ist die historische Schwimmhalle, doch Obacht beim Eintauchen ins Becken, denn das Wasser hat nur 22 Grad und ist nicht wirklich zum Planschen gedacht. Es dient der sanften Abkühlung nach den wärmenden Anwendungen. Der schonende Wechsel von warm zu kalt wird als besonders gesund für die Gelenke empfohlen. Um den modernen Wellness-Anforderungen gerecht zu werden, wurden im Rahmen der Sanierung auch eine Finnische Sauna und Whirpools eingebaut. Doch das ursprüngliche Badeerlebnis nach den Baderegeln ist ein sehr besonderes. Wann sonst hat man einmal Gelegenheit, ein Tepidarium, Frigidarium oder Sudatorim auszuprobieren.
Eher für Familien und Kinder geeignet ist das Thermalbad im Aukamm. Auf etwa 4.400 Quadratmetern Fläche breitet sich das moderne Wellness-Paradies aus, und neben einem großzügigen Saunabereich, kann man in verschiedenen Thermalbecken bei einer angenehmen Wassertemperatur von zirka 32 Grad Celsius schwimmen. Gerade im Winter ist es eine Attraktion, im warmen Wasser vom Innenbecken nach draußen zu schwimmen und sich vielleicht ein paar Schneeflocken auf die Nase fallen zu lassen. Doch auch in den Sommermonaten ist das Thermalbad sehr beliebt, und Aktivitäten wie Aqua-Jogging oder Kinderschwimmen werden angeboten.

Kaiser-Friedrich-Therme, Langgasse 38–40, 65183 Wiesbaden, Tel. (06 11) 31 70 60
ÖPNV: Bus 1 und 8, Haltestelle Webergasse
Thermalbad im Aukamm, Leibnizstraße 7, 65191 Wiesbaden, Tel. (06 11) 31 70 96
ÖPNV: Bus 18, Haltestelle Thermalbad

12 *Pizza und Drinks in der Manoamano Bar*

Manchmal muss es abends eine Bar sein. Ein Ort, an dem man die Zeit vergisst und wo man an der Theke sitzend von einem gut aussehenden Barkeeper unterhalten wird, sich vielleicht mit dem Sitznachbarn in tiefgründige Gespräche vertieft, der angenehmen Musik lauscht oder einfach nur genießt. Eine dunkle Bar, modernes Design und eine umfangreiche Karte mit alkoholischen und nicht alkoholischen Cocktails – das alles hat die Manoamano Bar. Sie wurde mit 90 von 100 möglichen Punkten vom Magazin „Falstaff" zu einer der besten Bars Deutschlands gewählt, und dabei wurde vor allem das schicke Ambiente hervorgehoben: schwarze Wände, anthrazitfarbene Designmöbel und eine lange Theke mit unzähligen, effektvoll angeleuchteten Spirituosen. 2010 eröffnete Gianfranco Amato seine Bar, denn er hatte zuvor international gearbeitet und wünschte sich etwas Vergleichbares in Wiesbaden. Zum Start ins Wochenende, vor oder nach einer langen Kinonacht oder einfach so: Man trifft sich gerne in dieser Bar, und an den Wochenenden ist eine Reservierung ratsam, vor allem wenn man als Gruppe kommt. Die Cocktails sind wirklich besonders, am Tresen wird mit Salbei, Rosmarin oder frischem Ingwer experimentiert und, wenn es passt, sogar mit Goldstaub. Natürlich kommt bei den Mixgetränken auch der selbst entwickelte, würzige Gin zum Einsatz, der den Namen des Besitzers trägt: Amato. Im Sommer bietet die Bar auch vor dem Eingang Sitzgelegenheiten, und dann fühlt es sich wirklich an, als sei man irgendwo im Süden. Gut, dass es inzwischen auch frisch gebackene Pizza gibt, denn der Inhaber und Barchef Gianfranco Amato mit seinen italienischen Wurzeln vermisste in Wiesbaden die neapolitanische Pizza, und nun serviert er sie einfach selbst. Das kommt an, und inzwischen bietet er sogar Pizza-Workshops. Klar, Pizza macht glücklich! Die Lage in der Taunusstraße ist zentral, und die Parkplatznot stört nicht, denn man kommt sowieso zu Fuß oder mit dem Taxi und spaziert dann weiter in die nahe gelegenen Restaurants oder Event-Locations.

TIPP Als Mitbringsel eignet sich der Wiesbaden-Gin AMATO mit mediterraner Note.

Manoamano Bar & Pizza, Taunusstraße 31, 65183 Wiesbaden
www.manoamano-bar.de
ÖPNV: Buslinie 1, Haltestelle Jawlenskystraße

Crocodile
SHOTS
2 for 5€

Nur Fliegen ist schöner

13 *Eislaufbahn beim Kleinfeldchen*

Holiday on Ice ist ein Dauerbrenner, also warum nicht im Winter mal eine eigene Eislauf-Show inszenieren? In Wiesbaden gibt es die Henkell-Eisbahn, die zwar aus den Siebzigern ist und damit etwas betagt, doch kann man hier prima seine Runden drehen. Kein Vergleich zu den kleinen Eisflächen, die es manchmal bei Weihnachtsmärkten gibt. Gefühlt ist Eislaufen ja „voll Achtziger", doch es ist wieder voll im Trend, denn immerhin gibt es im Fernsehen regelmäßig Shows auf dem Eis. Die Wiesbadener Eisbahn ist im Winter gut besucht, sogar ganze Schulklassen tummeln sich auf der Eisfläche und machen Kapriolen. Die großzügige Fläche bietet genug Platz, dass auch die zaghafteren Eisprinzen und Eisprinzessinnen unbehelligt ihre Runden oder Figuren drehen können. In einer Ecke übt eine Gruppe elegantes Stehen auf einem Bein, und eigentlich hat jeder nach gewissen Anfangsschwierigkeiten Ehrgeiz entwickelt. Doch hin und wieder fällt jemand, gut eingepackt sollte man also schon sein, damit die Stürze nicht wehtun. Der Spaß überwiegt in jedem Fall, und die Disco-Musik schallt angenehm über den gesamten Platz und lässt einen leicht wie eine Feder über das Eis gleiten. Nach einer Stunde melden sich dann die Muskeln, denn so leicht es aussieht, kostet es ganz schön Kraft. Mitbringen muss man einfach nur Neugier und gute Laune, denn Eislaufschuhe kann man sich gegen eine geringe Gebühr und Hinterlegung des Ausweises ausleihen. An bestimmten Tagen wird auch Eisstockschießen angeboten. Einfach Termine auf der Internetseite nachschauen und sich von den Fotos inspirieren lassen. Im Sommer, also von Mai bis Ende August, wird die Fläche übrigens zum Inlineskaten genutzt. Die Eisbahn liegt gut erreichbar an der Dotzheimer Straße in einem Sportgelände mit Hockeyplatz. Ist man durch die vielen Runden durstig geworden, gibt es am Getränkekiosk Erfrischungsgetränke, und man fühlt sich in dieser Umgebung sportlich aktiv und um Jahre jünger. Was für ein Glück!

TIPP

Gegenüber ist das Freizeitbad Kleinfeldchen mit Hallen- und Freibad und großer Liegefläche.

Henkell-Kunsteisbahn, Hollerbornstraße 38, 65183 Wiesbaden, Tel. (06 11) 31 47 60
ÖPNV: Bus 4, 27, 45, Haltestelle Kleinfeldchen

eniglich
• individuell • handgefertigt
schoeniglich.de

Durchatmen im Lufti

14 *Freizeitgelände Unter den Eichen*

„Kommst du mit ins Lufti?“ So nennen die Einheimischen das Freizeitgelände „Unter den Eichen“, und dahinter verbirgt sich ein fast historischer Ort, denn es wurde 1921 als Luft- und Sonnenbad und grüne Oase oberhalb der Stadt im Norden von Wiesbaden gegründet. Nein, kein Freibad, kein Sportgelände, sondern eine große Erholungsfläche zum Rumtollen und Rumliegen. Das „Lufti“ bietet eine Liegewiese, die über 30.000 Quadratmeter groß und von altem Baumbestand gesäumt ist. Ein Ort zum Verweilen und um die Seele baumeln zu lassen. Das Besondere – es gibt sogar einen FKK-Bereich. Ein dichter Wald umringt die große Fläche, und ein Zaun schützt die Besucher gegen störende Blicke. Man ist also unter sich, und außer Hase und Igel kommt niemand uneingeladen vorbei. Anders als im quirligen Freibad geht es im „Lufti“ sehr beschaulich zu. Hier laden sprichwörtlich alle Batterien auf, denn es ist so groß, dass man immer ein ruhiges Plätzchen hat. Entweder allein oder mit Familie findet man hier Ruhe und Erholung, und die Kinder fühlen sich auf dem Spielplatz und im angrenzenden Planschbecken wohl. Wer es nicht ganz so ruhig angehen lassen und nicht nur auf der Liegewiese liegen möchte, sei beruhigt, es gibt auch für Erwachsene die Möglichkeit, sportlich aktiv zu sein, denn in dem Familienbad (ohne Bad) stehen sieben Tischtennisplatten, vier Badmintonfelder und seit Neuem auch ein Beachvolleyfeld zur Verfügung. Ein Kneipp-Wassertretbecken bietet Abkühlung, falls es an Sommertagen zu heiß wird. Denn obwohl alles an ein Freibad erinnert, ist dies ein Luftkurort. Das weitläufige Gelände lässt so viele Aktivitäten zu, ohne dass sich andere Ruhesuchende gestört fühlen könnten, und genau das ist der Vorteil zu den klassischen Freibädern, in denen häufig ein hoher Lärmpegel herrscht. Vielleicht auch deshalb ist das Durchschnittsalter im „Lufti“ eher Ü50. Die einfachen Umkleidekabinen und ein kleiner Gastronomiebetrieb stehen jedermann zur Verfügung. Geöffnet ist das Freizeitgelände ab Mai bis Anfang Oktober, und es kostet ein geringes Eintrittsgeld.

Freizeitgelände Unter den Eichen, Unter den Eichen, 65195 Wiesbaden
ÖPNV: Bus 3 und 6, Haltestelle Unter den Eichen

Mediterranes unter Platanen

15 *Die Pizzeria Tutti Frutti*

Die Lage wirkt zunächst unwirtlich, direkt an der Frankfurter Straße. Doch sitzt man erst einmal auf der schönen Terrasse, die mit einer kleinen Blumenrabatte umrandet ist, hat man schon vergessen, dass man in Wiesbaden ist, denn dieser Ort ist einfach wundervoll zeitlos. Die bunten Metallstühle und Bierbänke wirken wie zufällig zusammengewürfelt und geben dem Restaurant einen lässigen Charme. Gute Gastronomie zeichnet sich zunächst durch gute Küche aus, doch auch durch das gewisse Etwas. Das Tutti Frutti bietet genau das. Die Location ist vielleicht zu spartanisch für ein richtiges Restaurant und zu groß für weniger. Wahrscheinlich ist es irgendetwas dazwischen, und nicht nur deshalb wollen alle dort auf eine Pizza hin. Die Pizza nämlich kommt aus dem Steinofen und ist original italienisch und in vielen Variationen zu bestellen. Es gibt sogar eine orientalische Pizza mit Hummus. Der Mozzarella kommt aus Hessen, nämlich aus einer Offenbacher Manufaktur, und auch alle anderen Zutaten sind von bester Qualität. Durstlöschend sind die hausgemachten Limonaden, und natürlich gibt es auch Wein und Bier. Der Service ist jung und sympathisch und erinnert eher an eine Hippie-Bar auf Ibiza – es fühlt sich eh wie Urlaub an. An manchen Tagen sollte man also besser vorher reservieren. Weil wir in Wiesbaden leider nicht das italienische Wetter haben, wurde ein Teil der Terrasse mit einem Wintergarten überbaut, und man hat nun auch an Regentagen eine Chance auf einen Sitzplatz. Diese Plätze sind begehrt, der Wintergarten ist klein und fein. Gut, dass man die leckeren Pizzen auch zum Mitnehmen bekommt. In der Mittagspause sitzen hier die Büroangestellten von gegenüber neben amerikanischen Touristen und Designstudentinnen, und alle sind happy, und wenn ein Windstoß die Servietten wegbläst, lacht man zusammen. Die Lage ist zentral, denn in unmittelbarer Nähe befindet sich das Museum, das Theater, das Literaturhaus und die Wilhelmstraße, und auch die Stadtmitte ist nur fünf Minuten Fußweg entfernt.

Tutti Frutti Pizzeria, Frankfurter Straße, 65183 Wiesbaden, Tel. (06 11) 60 97 95 72
www.tuttifruttihalligalli.de
ÖPNV: Bus 5, Haltestelle Rheinstraße

PIZZA
Misch-Masch-Set
Büffelmozzarella, Kirschtomaten, Parma-
schinken, Hummus, Salamella Calabra &
gegrilltes Gemüse
12.90
Fresh Bowl
11.50
PIZZA SARDE CALABRESE
9.50
PIZZA VEDURE
10.90
DOLCE
hausgemachtes
B2N

Im Märchenland

16 *Vom Rabengrund ins Goldsteintal*

Die Wälder rund um Wiesbaden sind märchenhaft, denn die Region grenzt an den Taunus, und viele Parks sind zudem mit dem Stadtwald verbunden, sodass man sozusagen von der Haustür ins Grüne wandern kann. Egal, wo man startet, ein großes, zusammenhängendes Waldgebiet steht zur Verfügung, und auch den berühmten Wanderweg Rheinsteig (www.rheinsteig.de) kann man in Wiesbaden beginnen. Eine empfehlenswerte Route ist die folgende: Vom Nerotalpark wandert man in das Obere Nerotal, vorbei an der Felsengruppe, einem kleinen ehemaligen Steinbruch, der heute als Grillplatz dient. Zwei Kurven weiter steht man vor der Leichtweißhöhle, um die sich wilde Geschichten ranken, doch dazu mehr auf dem Hinweisschild. Bald steht man mitten im Rabengrund, einem der bedeutenden und ältesten Wiesbadener Naturschutzgebiete. Das Tal mit seinen ausgedehnten Wiesen und lichten Wäldern ist Erholung pur, und es blühen dort wilde Orchideen, im Hintergrund plätschert ein Bach. Man kann sich vorstellen, dass noch im 17. Jahrhundert dieser Teil des Waldtales weitestgehend undurchdringlicher Auenwald war, und schließt man die Augen, wähnt man sich Teil einer mystischen Sage. An Sonntagen ist hier mächtig was los, Jogger trainieren, und die eine oder andere Drohne schwirrt durch die Luft, doch unter der Woche gibt es ruhige Stunden, und dann hört man die Käuzchen rufen und die Grillen zirpen. Der Rabengrund ist ein „Natura 2000“-Gebiet, es wachsen neben Rotbuchen seltene Moose und Kräuter, und im Herbst findet man auch Pilze. Hundebesitzer leinen den Hund besser an, denn die Wildtiere reagieren empfindlich auf Eindringlinge, ebenso die Jäger. Egal, in welche Richtung man geht, der Wald erscheint einem unendlich. In Richtung Goldsteintal über den Bahnholzer Kopf bleibt man im Naturschutzgebiet und kommt vorbei an Pfeifengraswiesen und naturnahen Fließgewässern. Langsam trifft man auch wieder auf Zivilisation, zur Bundesstraße ist es dann nicht mehr weit, und man kann mit der Buslinie 16 zurück in die Stadt fahren.

TIPP

Das Restaurant „Goldstein“ bietet Fine Dining mitten im Grünen.

Restaurant Goldstein, Goldsteintal 50, 65207 Wiesbaden, Tel. (06 11) 54 11 87

ÖPNV: Grünanlage Oberes Nerotal, Wiesbaden, Bus 1, Haltestelle Nerobergbahn oder Bus 16 Goldsteintal

Glugg, glugg Glyg

17 *Die Weinbar Glyg*

Das Glyg ist eigentlich ein kleiner Eckladen und doch auch wieder viel mehr. Es ist eine angesagte Adresse für Wein, Craft Beer und Spirituosen, mit Schwerpunkt Gin, im Wiesbadener Rheingauviertel. Im Sortiment finden sich Wein und Sekt von jungen regionalen Winzerinnen und Winzern aus fast allen Anbaugebieten Deutschlands, wobei der Fokus auf guten, ehrlichen regionalen Weinen liegt, die preislich im Mittelfeld und einfach alltagstauglich sind.

Inhaber ist Marcus Wenig, der jahrelang eine Werbeagentur führte und sich nun einen Traum verwirklicht. Er sagt: „Man muss kein Wein-Profi sein, um guten Wein trinken zu dürfen oder zu können." Recht hat er! Deshalb bietet er regelmäßige Verkostungstermine an, und die interessierten Gäste treffen sich in dem schönen Eckladen, um den Tag ausklingen zu lassen.

Zum Beispiel mittwochs bei „open bottle", denn da werden themenbezogen Weine geöffnet, und für einen Unkostenbeitrag kann man sich durchprobieren. Freitags ist „afterwork", und es werden immer drei Weine im Weinladen zum Ausschank angeboten. So kann man unkompliziert Zugang zu neuen Weinsorten finden. Eine Herangehensweise an den Wein, die immer mehr Zulauf erhält, denn es gibt in der Region wunderbare Winzer, und manchmal ist es auch egal, welches Cuvée man gerade im Glas hat, sondern der Moment ist wichtig.

TIPP Im vorderen Teil des Ladens gibt's auch Gemüse, und es wird ein vegetarischer Mittagstisch angeboten.

Diese unkomplizierte Haltung zum Wein ist ansteckend, und das Glyg findet großen Zuspruch. Im Sommer steht rund um den kleinen, feinen Laden der Bürgersteig voll, man kommt mit den Nachbarn locker ins Gespräch, und ein glücklicher Tag findet hier seinen Ausklang. Man blickt auf die wunderschöne Ringkirche, und es könnte plötzlich statt Wiesbaden auch ein Abend in Rom oder Paris sein.

Wer weiterfeiern möchte, dem sei der kleine Club mit Namen Wakker empfohlen, den Marcus Wenig mit zwei weiteren ins Leben gerufen hat und damit die Wiesbadener Kulturszene ein bisschen aufmischt.

GLYG.in.flaschen, Marcobrunnerstraße 2, 65197 Wiesbaden, Tel. (01 63) 3 38 50 15
www.glyg.de
ÖPNV: Bus 1, 5, 15, 171, N9, Haltestelle Ringkirche

GLYG
in.flaschen

Glückstag im Day-Spa

18 *Spa im Luxushotel Nassauer Hof*

Manchmal soll es etwas ganz Besonderes sein, also warum nicht einen Tag im Luxushotel verbringen? Schon der Schriftsteller Dostojewski hat sich hier verwöhnen lassen. Ob er wohl auch im Luxus Spa geplanscht hat? Wo sonst gibt es ein Thermalbad im 5. Stock? Das heiße Wiesbadener Thermalwasser kommt direkt aus der Quelle und muss sogar runtergekühlt werden, bevor es in den Pool im obersten Stock des Hotels darf. Dann aber schwimmt es sich in dem warmen Wasser wunderbar entspannend und ganz ohne den chlorigen Schwimmbadgeruch. Vom Becken aus sieht man durch die bodentiefen Fenster die Kirchtürme der Marktkirche und die Skyline der Stadt. Auf der Terrasse stehen Liegestühle bereit, und in dem kuscheligen Hotelbademantel fühlt man sich wie daheim – nur noch ein bisschen besser. Kleine Snacks und ein Früchtecocktail, auf Wunsch werden auch Kaffeespezialitäten serviert. Für noch mehr Wellness gibt es neben einem Fitnessraum eine geschmackvoll eingerichtete Sauna, eine Dampfsauna sowie Ruhebereiche. Zu einem erfüllten Aufenthalt im Day-Spa gehört für viele auch eine Kosmetikanwendung und vielleicht eine Entspannungsmassage. Das Hotel bietet eine große Auswahl für jedermann, und man muss auch kein Hotelgast sein, sondern kann verschiedene Specials buchen. Die Umkleidekabine ist geräumig und hochwertig mit viel Holz gestaltet. Hier wurde an alles gedacht: Fön, Wattepads und ein großer Schminktisch bieten Platz, und der Gast kann sich nach dem Baden wieder hübsch machen. Für die nassen Badesachen liegt sogar ein Säckchen bereit, damit der Rest in der Badetasche trocken bleibt. Die Concierge spricht einen mit Namen an, und es ist, als sei man schon ewig Gast hier oben. Bei so viel Service entstehen automatisch Glücksgefühle. Beschwingt und gefühlt zehn Jahre jünger fährt man anschließend im gläsernen Aufzug ins Erdgeschoss des Hotels, und wenn der Portier einem dann freudestrahlend die Tür öffnet, fühlt sich das Leben leicht und unbeschwert an.

TIPP

Die Hotelbar im Nassauer Hof ist Wiesbadens einzige Zigarren-Lounge. Wer's mag – hingehen!

Hotel Nassauer Hof, Kaiser-Friedrich-Platz 3–4, 65183 Wiesbaden, Tel. (06 11) 13 36 56
www.nassauer-hof.de/therme

ÖPNV: Bus 1, Haltestelle Kurhaus/Theater

Swing-Time

19 *Im Showroom Vecona Vintage*

Die Zwanzigerjahre erleben ein Revival: Im Fernsehen begeistert die Serie Babylon Berlin, und in den Tanzbars tanzt man mit Begeisterung wieder Swing. Die Lust auf die Zwanzigerjahre zeigt sich auch in der Kleidung, und da kommt man an Vecona Vintage nicht vorbei. Hinter der Modemarke aus Wiesbaden verbergen sich Janet Seifert und Kai Unger, die selbst begeisterte Swing-Tänzer sind und durch ihre Begeisterung für den Tanz zur Mode kamen. Wenn man Swing tanzt, sollte auch die Kleidung die Eleganz der damaligen Zeit widerspiegeln, und so schneiderten sie sich ihre ersten Outfits einfach selbst. Die Modelle kamen so gut an, dass sie bald Auftragsarbeiten ausführten, und schon waren sie im Geschäft. Inzwischen sind sie mit ihrem Label auch international bekannt, sogar das Fernsehen hat über sie berichtet. Janet Seifert ist der kreative Part, und als Quereinsteigerin hat sie sich das professionelle Schneiderhandwerk selbst beigebracht. Sie recherchiert in alten Nähbüchern und Schnittheften, dann passt sie die Entwürfe den heutigen Bedürfnissen an und entwickelt schon auch mal eigene Muster, die dann in kleinen, ausgesuchten Manufakturen im Fränkischen auf Stoff gedruckt werden. So auch das Muster, das sie auf einem original japanischen Kimono entdeckte und in ihrer Kollektion neu interpretierte. Janet Seifert liebt es, die eleganten Schnitte und Muster wiederzubeleben und sie in einen neuen Kontext zu setzen. Die Prototypen werden im Wiesbadener Atelier entwickelt und über den Online-Shop vertrieben. Die Kunden sind begeistert und kombinieren die klassischen Teile auch mal mit modernen Accessoires, und so erlebt die Eleganz der Mode aus der damaligen Zeit ein Revival. Es gibt auch eine Herrenkollektion. Nicht fehlen darf hier die Knickerbockerhose, doch eigentlich steht sie auch Frauen gut. Kurzum, ein Besuch im Showroom macht so richtig Lust auf „roaring twenties".

TIPP

Lust auf Swing-Tanzen? Auf www.swinginwiesbaden.de gibt es Veranstaltungstipps.

Vecona Vintage Janet Seifert & Kai Unger GbR, Adolf-Todt-Straße 12, 65203 Wiesbaden Tel. (06 11) 5 04 66 56, www.vecona-vintage.com

ÖPNV: 3, 4, 14, Haltestelle Adolf-Todt-Straße in Wiesbaden-Biebrich

20 *Die Walkmühlanlage*

Die Stadt Wiesbaden ist eine grüne Stadt, und in jeder Himmelsrichtung schließt sich ein Naherholungsgebiet an. Eines davon ist die Albrecht-Dürer-Anlage, die viele auch als Walkmühltal kennen, und manchmal heißt es auch Adamstal. Alle Namen sind richtig, durchgesetzt hat sich inzwischen der Name Dürerpark, doch Ausnahmen bestätigen die Regel. Der Park verläuft in Form eines lang gezogenen Dreiecks entlang der Aarstraße. Die an einen englischen Landschaftspark erinnernde Anlage wurde bereits im Jahr 1909 errichtet, ist für ihren Pflanzenreichtum bekannt und hat eine abwechslungsreiche Gestaltung. Auch heute noch ist der Park ein Ausflugsziel. Im Sommer liegt an sonnigen Tagen die Liegewiese voll, und es gibt auch einen Eiswagen. Alternativ flaniert man für eine Erfrischung an den Schrebergärten vorbei zum Gartenrestaurant „Äbbelwoi Schmidt“. Wen es zwischendurch nach Kultur dürstet, wird hier auch glücklich, denn geht man am Ende der Parkanlage rechts den Weg entlang, erreicht man nach wenigen Metern die ehemalige Industriebrache Walkmühle, eines der letzten Industriedenkmäler und rund 270 Jahre alt. Das inzwischen denkmalgeschützte Ensemble blickt auf eine sehr wechselhafte Geschichte zurück, war auch schon mal Waisenhaus oder Tanzsaal. Derzeit wird es saniert und zu einem Atelierhaus und Zentrum für bildende Kunst ausgebaut. In den Räumen finden regelmäßig Ausstellungen und Veranstaltungen statt, und man muss schon sagen: Das Haus ist ein Juwel. Ein eigens dafür gegründeter Verein hat Sponsoren und Unterstützer gefunden und belebt mit spannenden Ausstellungen und Aktionen das Wiesbadener Kulturleben. Man versteht sich als offenes Netzwerk von Künstlern, Kulturinteressierten und Kreativen. Diese Wiesbadener Ecke bietet einiges mehr, als man zunächst erwartet, und so kann man einen Familienausflug ins Grüne mit Picknick und Besuch einer Kunstausstellung verbinden. Im Winter gibt es eine Weihnachtsausstellung, bei der man auch das eine oder andere Geschenk findet.

TIPP

Äbbelwoi Schmidt,
Im Walkmühltal,
Bornhofenweg 17
65195 Wiesbaden.

Walkmühle Wiesbaden, Walkmühle 1/Bornhofenweg 9, 65195 Wiesbaden
www.walkmuehle.net

ÖPNV: Bus 1 Dürerpark, Bus 3 bis zur Haltestelle Kreuzkirche, jeweils mit Fußweg

Flanieren am Rhein

21 *Promenade am Biebricher Schloss*

Am Rheinufer in Biebrich kann man sich kaum entscheiden, wohin man seinen Blick richten soll, denn so viele Sehenswürdigkeiten versammeln sich hier. Zunächst das schöne Biebricher Schloss, eine barocke Residenz, die zwischen 1700 und 1750 entstand und immer wieder erweitert wurde, bis sich aus einem Gartenhäuschen schließlich diese imposante dreiflügelige Anlage entwickelt hatte und heute zu den bedeutendsten Barockschlössern am Rhein zählt. Es war im Zweiten Weltkrieg stark zerstört worden und dann fast verfallen, doch Ende der Sechzigerjahre wurde es saniert. Heute dient es für Veranstaltungen, und man kann sich hier auch das Jawort geben. Daher sieht man im Sommer häufig Brautpaare mit ihrer Hochzeitsgesellschaft vor dem Haus stehen. Auf der vom Rhein abgewandten Seite breitet sich der weitläufige Schlosspark aus, in dem alljährlich an Pfingsten das international bekannte Pfingst-Reitturnier stattfindet. Dann stehen die Menschen dicht an dicht, und die Pferdenacht mit Showprogramm ist ein Highlight im Wiesbadener Kulturprogramm. Vor dem Schloss blickt man auf den Rhein und die vorbeiziehenden imposanten Frachtschiffe, und auf der Uferpromenade lässt es sich schön flanieren. Es gibt auch einen Weinstand, einen kleinen Pavillon, an dem im Sommer von Donnerstag bis Montag Rheingauer Weine ausgeschenkt werden. Alternativ holt man sich ein Eis auf die Hand und macht es sich auf einer der Bänke gemütlich. Dann fällt einem bestimmt auch die Froschkönigin ins Auge. Eine Skulptur – doch sie wirkt so echt. Sie sitzt da mit Flip-Flops und einem Sonnentop und schaut auf den Rhein. Bei näherem Hinsehen entdeckt man auch das Krönchen und die quietschrote Clownnase. Sie hat einen schönen Platz unter einer großen Platane, und schon so manches Selfie wurde mit ihr geknipst. Die Figur – ein absoluter Hingucker – stammt von der Künstlerin Birgit Helmy, und der Name „Froschkönigin“ wurde 2005 in einem Wettbewerb für die Skulptur gefunden.

- **Schloss Biebrich, Rheinufer, 65183 Wiesbaden**
- **ÖPNV: Bus 9, 14, Haltestelle Biebricher Schloss**

Pferde und dazu Bioeier

22 *Das Hofgut Domäne Mechthildshausen*

Dieses städtische Hofgut liegt etwas außerhalb der Stadt zwischen den Feldern, doch wer seinen Lebensmitteleinkauf zu einem halben Tag Urlaub ausdehnen möchte, sollte sich auf den Weg machen. Bewirtschaftet wird die Anlage durch die Wiesbadener Jugendwerkstatt. Jugendliche, die vielleicht vom geraden Weg abgekommen sind oder Lernschwierigkeiten hatten, sind hier beschäftigt. Es ist ein großer Bauernhof mit angeschlossenen Pferdeställen, und die Landwirtschaft ist zudem Bio-zertifiziert. Betritt man die Anlage über die große Einfahrt, blickt man auf einen wunderschön gestalteten Hof mit Blumenbeeten und bunt angelegten Rabatten, dazu vereinzelt Kastanienbäume. Die Bänke laden ein, den Augenblick zu genießen. Man wünscht sich, der eigene Vorgarten sähe annähernd so bezaubernd aus. Im Sommer sitzt man vor der Weinstube und dem Café auch draußen, und so bleibt man immer ein bisschen länger, obwohl man doch nur ein paar Eier kaufen wollte. Apropos, die Eier sind so begehrt, dass man sich die gewünschte Menge für Ostern vorab reservieren muss, und an manchen Tagen gehen die Vorräte zur Neige. Die Wurstwaren und die Käsesorten aus der eigenen Käserei sind vielfach prämiert, ebenso die Backwaren. Die Markthalle bietet Gemüse aus Bioanbau und Naturkostprodukte, Wein und Bier. Sogar einen Hotelbetrieb mit Fine Dining Restaurant gibt es, und auch Geschäftsreisende schätzen die ruhige, gepflegte Atmosphäre. Das alljährliche Hoffest ist weit über die Stadtgrenzen hinaus berühmt und nicht nur bei Kindern beliebt. Ohnehin ist die Anlage für Kinder zu jeder Zeit eine Attraktion, denn sind die Fenster der Pferdeställe geöffnet, steckt immer mal wieder ein Pferd den Kopf heraus, oder eines wird im Hof gestriegelt. So kann man den Lebensmitteleinkauf mit einem Besuch auf dem Bauernhof verbinden. Sollte man keine Zeit für einen Besuch im Café haben, sollte man sich auf jeden Fall Kuchen für zu Hause mitnehmen.

Domäne Mechthildshausen, 65205 Wiesbaden. Tel. (06 11) 7 37 46 14
www.domaene-mechtildshausen.de
ÖPNV: Bus 28, Haltestelle Domäne Mechthildshausen

Bäche ans Licht

23 *Rund um den Sedanplatz*

Der Bezirk Westend zählt zu einem der dichter besiedelten Stadtteile, also ist klar, dass die Menschen am Feierabend oft Reißaus aus ihren Wohnungen nehmen und entweder in eine der angrenzenden Grünanlagen oder auf ein Feierabendbier zum Sedanplatz flüchten. Lange war der Platz einfach nur eine begrünte Verkehrsinsel am Ende des Bismarckrings und dazu eine stark befahrene Pendlerroute, die mit vier Fahrspuren das obere und untere Westend durchtrennt. Auch einige Buslinien holpern entlang, und nachts wurde schon so manches hitzige Autorennen gefahren. Doch mit sanfter Kraft haben die Bewohner, Kreative und die dort ansässigen Gastronomen den Platz für sich eingenommen und sukzessive einer Wandlung unterzogen. Rings um den Sedanplatz siedelten sich in den letzten Jahren immer mehr Bars, Kneipen und Restaurants an – von gutbürgerlich bis zur angesagten Szenebar –, und inzwischen ist der Platz ein Hotspot, wenn es ums Ausgehen in Wiesbaden geht. In mancher Sommersaison eröffnet auch eine Pop-up-Bar direkt auf dem Platz unter den großen Bäumen, doch wie es sich für Pop-up-Bars gehört, sind sie keine feste gastronomische Einrichtung, und man darf gespannt sein. Auch vonseiten der Grünplanung wird der Platz aufgewertet, und im Rahmen des städtebaulichen Konzepts „Bäche ans Licht" ist geplant, den Kesselbach aus seinem unterirdischen Kanal wieder in einen überirdischen Bachlauf zu befördern. Die „Wasserstadt Wiesbaden" soll wieder erlebbar werden, und ähnlich der bereits fertiggestellten Anlage am Platz der deutschen Einheit soll auch bald am Sedanplatz Wasser sprudeln, und wo man früher mit schnellem Schritt vorbeihastete, hält man dann inne und kann sich erfrischen. Ein Wassertisch ist geplant, über den das Wasser hochgeleitet wird, effektvoll über die glatte Fläche fließt, um dann wieder im Untergrund zu verschwinden. Dann kann man am Wasser entspannen, mit den Kindern Papierschiffe fahren lassen und dabei gemeinsam den Feierabend genießen.

Sedanplatz, 65183 Wiesbaden
ÖPNV: Bus 1, Haltestelle Sedanplatz

Äppler in Bierstadt

24 *Der Vorort Bierstadt*

Beim Namen Bierstadt denkt man an Bier, doch die Namensgeberin für diesen Wiesbadener Stadtteil, der inzwischen zur Kleinstadt angewachsen ist, war vor mehr als tausend Jahren die irische Nationalheilige Birgid, denn eine Urkunde aus dem Jahr 927 erwähnt „Birgidesstat" und eine Kirche, die zu den ältesten Kirchen in ganz Hessen zählt. Der Ort besitzt auch heute noch viel Anziehungskraft. Jeden Freitag findet auf dem Kirchplatz ein kleiner Wochenmarkt statt, und mancher Wiesbadener kommt den Berg nach Bierstadt hoch, denn der Markt hat viel Flair und ist klein und überschaubar. Auch die Kirche ist dann geöffnet, denn zwischen 11.30 und 15 Uhr wird unter dem Motto „offene Kirche" den Menschen ein Ort der Ruhe und Besinnung angeboten. So kann man voll bepackt mit seinen Markteinkäufen in der Kirche kurz durchatmen, und mit ein bisschen Glück spielt gerade jemand die Orgel. Nebenan befindet sich übrigens das Heimatmuseum von Bierstadt, und für Liebhaber der Apfelweinkultur gibt es hier alte Bembelgefäße zu entdecken. Apfelwein, auf hessisch Äppelwoi oder Äppler, ist das hessische Nationalgetränk, und selbst die EU konnte nichts gegen die Bezeichnung „Apfelwein" ausrichten. Die vielen Äpfel von den Streuobstwiesen rund um Wiesbaden landen irgendwann in der Presse für den Apfelwein, und in jedem Gasthof in der Region steht das Getränk auf der Speisekarte, im Winter trinkt man es sogar als Heißgetränk. In Bierstadt hat die Apfelwein-Kelterei Emmel ihren Sitz, und so kennt fast jeder den gemütlichen Hinterhof oder hat hier auch schon Äpfel zum Keltern vorbeigebracht. Entweder gesammeltes Fallobst von den Obstbaumwiesen oder aus dem eigenen Garten. Bierstadt hat sich die schönen Seiten seines dörflichen Charakters bewahrt und ist ein beliebter Vorort und dabei ganz international, denn auch die Wohnsiedlung Hainerberg der amerikanischen Streitkräfte gehört zu Bierstadt, und so versteht man neben Hessisch auch andere Sprachen.

TIPP

Im kleinen Atelier „StilSchön" nebenan gibt's Kurzwaren und Nähpartys für Kinder und Erwachsene.

Kirche/Marktplatz Bierstadt, Venatorstraße, 65191 Wiesbaden
ÖPNV: Bus 23, 37, 17 Haltestelle Venatorstraße

Rundumausblick

25 *Die Bierstadter Warte*

Die Bierstadter Höhe ist eine Anhöhe im Osten der Stadt und bietet einen Weitblick bis nach Rheinland-Pfalz. Das war auch der Grund, weshalb 1473 Graf Johann II. von Nassau-Wiesbaden-Idstein einen Wartturm errichten ließ, der heute noch steht (wenn auch verschlossen): Die Bierstadter Warte. Der Warttum sollte zur Beobachtung der Gegend um Mainz dienen, und tatsächlich hat man von der Anhöhe auch heute noch diesen Weitblick bis ins andere Bundesland. Der Turm ist inzwischen umringt von alten Kastanien- und Lindenbäumen, die seine Höhe von mehr als zehn Metern bereits überragen, doch der kleine Park ist auch heute noch beliebt und diente schon für so manchen Kindergeburtstag als Austragungsort. In den Geschichtsbüchern steht, früher habe es auch einmal ein Aussichtslokal gegeben, und um 1910 stand wohl ein weiterer Turm aus Holz, der den Namen „Wiesbadener Eiffelturm" trug. Das alles unterstützt die Tatsache, dass man auf der Bierstadter Warte einfach über den Dingen steht. Die Anhöhe ist zudem Landschaftsschutzgebiet, und so sind die Äcker und Wiesen perfekt zum Spazieren und Joggen, und liegt im Winter Schnee, rodeln Kinder den kleinen Hügel hinab.

Der Platz rund um den Wartturm wird einmal im Jahr vom Heimatverein Bierstadt in Beschlag genommen, und dann wird gefeiert. Die gesamte Nachbarschaft trifft sich dort oben bei Bratwurst und Apfelwein, und es wird getanzt bis spät in die Nacht. Auch für die amerikanischen Familien aus der benachbarten Hainerberg-Siedlung ist das ein fester Termin. Weil es keine Parkplätze gibt und damit der Apfelwein nicht zum Verhängnis wird, gibt es einen Shuttlebus: einen Trecker mit Anhänger. Das ist Nachhaltigkeit ganz praktisch gelebt. Die Bierstadter genießen hier oben auch das alljährliche Feuerwerk der Amerikaner zum Unabhängigkeitstag am 4. Juli, denn das amerikanische Gelände liegt in unmittelbarer Nachbarschaft und damit in Sichtweite.

TIPP

Hinter der Schule befindet sich eine Sternwarte, Astronomische Gesellschaft URANIA Wiesbaden.

Wartturm, 65191 Wiesbaden-Bierstadt

ÖPNV: Bus 17, 21, 23, 24, 37, Haltestelle Wartestraße

Der Käse von der Alm

26 *Die Bergkäse Station*

Kündigt sich bei einem Ladengeschäft in der Innenstadt ein Wechsel an, schaut man gespannt darauf, wer als Nächstes in das frei gewordene Geschäft einzieht, und als die Bergkäse Station eröffnete, gab es einfach nur lauten Beifall. In Zeiten von Analogkäse freut man sich über guten Käse: Hartkäse, Schnittkäse, Weichkäse, es gibt so viele Käsesorten, und einen Teil dieser Vielfalt kann man in der Bergkäsestation kaufen, und zwar frisch, denn ein Großteil der im Verkauf befindlichen Käsesorten kommt direkt und ohne Zwischenhandel von der Alm des Bruders, der im Allgäu eine Käserei betreibt. Die Bergkäse Station von Till Biebricher ist also ein Sennereiverkauf, und im Programm gibt es verschiedene Allgäuer Bergkäse sowie französischen Weichkäse und Käse von einem befreundeten Ziegenhof aus Hessen. Käse ist die älteste Form der Haltbarmachung von Milch und ist ein wichtiger Bestandteil der westlichen Küche, und gerade in der Weinregion isst man ein Stück Käse gerne als Zwischenmahlzeit. Kurzum, die Käseliebhaber der Region sind glücklich, und noch besser finden sie es, dass es neben der Station in der Dotzheimer Straße nun auch eine Filiale in der Innenstadt gibt. Wer bislang noch kein Käseliebhaber ist, der wird es hier mit Sicherheit werden. Den passenden Wein findet man in einer der benachbarten Vinotheken in der Mauergasse, einer Genussmeile mit vielen weiteren empfehlenswerten Lebensmittelgeschäften. Doch zurück zur Käsestation, die fast täglich geöffnet hat, und zwar so, dass der Einkauf auch für Berufstätige machbar ist. Wer es trotzdem nicht schafft, der kann sich online ein Käse-Abonnement bestellen, das dann per Post geliefert wird (allerdings nur in der kalten Jahreszeit). Die Innenstadt profitiert von solchen engagierten Einzelhändlern, denn es ist die Vielfalt Wiesbadens, die so viel Spaß macht.

Bergkäse Station, Till Biebricher, Dotzheimer Straße 88, 65197 Wiesbaden und Mauergasse, Wiesbaden-Innenstadt (Fußgängerzone), Tel. (06 11) 1 50 96 20
www.bergkaese-station.de
ÖPNV: Bus 1, 8, 17, 21, 22, 23, 24, Haltestelle Dernsches Gelände

Bergkäse Station

Die perfekte Eiche

27 *Ausflug nach Sonnenberg*

Fragt man einen Computer nach einer perfekten Eiche, dann sähe der Baum wohl genau so aus, denn diese Eiche, die in Wiesbaden-Sonnenberg auf einer Wiese steht, ist von der Form her einfach perfekt. Wer schon einmal den Hirtenweg hoch über Sonnenberg in Richtung Café Liberty spaziert ist, sieht sie von Weitem und, egal in welcher Jahreszeit, sie strahlt besonders schön. Auch der Weg dorthin entlang der Streuobstwiesen und mit weitem Blick über den Wiesbadener Stadtwald ist sehenswert und immer wieder ein lohnender Ausflug, doch ein Halt an diesem Baum ist etwas ganz Besonderes. Im Sommer zirpen die Grillen, und in der wärmenden Augustsonne wähnt man sich in der Toskana. Hier oben ist es still und beschaulich, und nur in weiter Ferne hört man vielleicht einen Rasenmäher, denn auch ein paar Schrebergärten sind am Hang. Man traut sich kaum, dem Baum ein Blatt oder eine Eichel zu entreißen, denn es könnte die Perfektion zunichtemachen. Also bestaunt man die Formschönheit jedes Jahr und in jeder Jahreszeit von Neuem, und liegt einmal ein Wanderer im Schatten des Baums, lässt man ihn schmunzelnd schlafen, denn eigentlich würde man es ihm am liebsten gleichtun. Der Ort hat einfach etwas Magisches. Dabei ist die Anhöhe am Rand von Sonnenberg recht urban, und die letzte Häuserreihe ist fast noch sichtbar, trotzdem stört hier oben kaum ein Geräusch. Vielleicht fällt ein Apfel des Nachbarbaums, doch dann ist wieder Stille. Diese einheimische Eiche ist wahrscheinlich eine Stieleiche, neben der Rotbuche die häufigste Laubbaumgattung in Deutschland. Trotzdem sieht man sie selten so solitär und erhaben. Schräg gegenüber befindet sich der Reiterhof Hirtenhof, und zum Ende des Spaziergangs lässt es sich gut in dem Café und Restaurant kurz vor dem Wald einkehren. Die Öffnungszeiten besser im Vorfeld erfragen. Man kann aber auch einfach weiterlaufen und kommt am Ende des Waldes Nahe Wiesbaden-Eigenheim raus, nicht weit vom Neroberg.

TIPP

Auf einen Kaffee im Restaurant Liberty am Wald, Hirtenstraße 121, 65193 Wiesbaden Tel. (06 11) 2 04 49 80

- **Stadtrand Wiesbaden-Sonnenberg, Hirtenstraße, 65183 Wiesbaden-Sonnenberg**
- **ÖPNV: Bus 16, Haltestelle Hofgartenplatz und dann ca. 15 Minuten Fußweg**

Ein Biergarten für alle

28 *Restaurant Treibhaus*

Das Publikum ist bunt, denn das Treibhaus ist eine Mischung aus Eckkneipe, Traditionslokal und angesagtem Szenetreff. Die Gäste sind Studenten der benachbarten Fachhochschule, und manchmal bringen sie auch ihre Eltern mit. Der Studenten-Kiez Westend ist mit dem Rad nur zehn Minuten entfernt, doch das Treibhaus hat eine lange Tradition, deshalb trifft man hier auch Oldies und sogar Prominenz, z. B. feierte Uwe Boll hier schon. Das Lokal fristete lange einen Dornröschenschlaf, bis dann 2009 zwei Quereinsteiger ein gastronomisches Experiment wagten. Sie erhielten für ihren Mut auch direkt einen Gründerpreis, und seither geht es stetig aufwärts mit dem Lokal. Zunächst nur als Biergarten geplant, ist es inzwischen eine Eventlocation und hat fast das ganze Jahr durchgehend geöffnet. Das Geheimrezept? Gute, bodenständige Küche, ehrliche Preise und sympathischer Service. Wenn im Sommer alle Tische besetzt sind und man etwas länger wartet, dann hat man dafür einiges zu gucken, denn das Treibhaus ist kein normaler Biergarten, sondern mutet ein bisschen wie eine Theaterkulisse an. Es hängen Lampenschirme an den Bäumen, und ein Tisch ist unter einer Bambus-Schutzhütte untergebracht und könnte auch in Bali am Strand stehen. Mittendrin dann eine Hollywoodschaukel oder die verschnörkelten Gartenmöbel vom Trödelmarkt. Diese bunte Mischung macht Spaß, und so wächst die Stammkundschaft. Familien mit Kindern sind froh über den großen Sandkasten, der etwas abseits ist, damit die Kleinen sich austoben können, während die Erwachsenen Apfelwein, Handkäse oder die legendären Klarenthaler Fritten genießen. Obwohl in Hessen wird bayerisches Bier gezapft, und sowieso ist die Location gänzlich untypisch für Wiesbaden, sodass es total Spaß macht. Kommt man als Gruppe, sollte man vorher reservieren, denn die Location ist angesagt. In den Wintermonaten finden Glühwein-Abende an der Feuerstelle statt, und Gans-Essen werden angeboten, doch auch hier geht ohne Reservierung nichts.

TIPP Hunde sind übrigens auch sehr willkommen!

Klarenthalerstrasse 127, 65197 Wiesbaden, Tel. (06 11) 58 28 28 9
www.treibhaus-wiesbaden.de
ÖPNV: Bus X76 oder 275, Haltestelle Wellritzmühle

OSTER
BRUNCH
10-13 Uhr + 13-15
16 € Person
Bitte reservieren!

Heilkräuter zum Anfassen

29 *Der Apothekergarten*

Wer einmal Kräuter wie zum Beispiel Waldmeister oder Stevia in der Natur besichtigen möchte, ist im Apothekergarten im Aukammtal richtig. Auf rund 5.500 Quadratmetern wachsen mehr als 250 Kräuter und Pflanzen, und im Sommer sind die schön angelegten Beete ein duftendes Blütenmeer. In dem Garten trifft man neben Naturinteressierten und Familien auch Patienten der umliegenden Fachkliniken, er ist also ein Erholungsort für jeden. Ein Brunnen plätschert, und es fühlt sich ein bisschen an wie im Paradies. Die Kräuter sind nach gesundheitlichen Themen geordnet, es gibt auch Themenbeete wie „Klostergarten" oder „Hildegard von Bingen", die eine wichtige Rolle in der Region spielte. Der eigens gegründete „Verein Apothekergarten" unterstützt und fördert den Garten und trägt damit zum Erhalt bei. Inzwischen wurde auch eine ausführliche Broschüre herausgegeben, die über den Wiesbadener Apothekergarten, die dort angepflanzten Heilkräuter und Pflanzen sowie deren Verwendungszweck informiert. Jeden Samstag findet eine Kräuterkunde-Führung statt, und einmal im Jahr feiert man ein großes Sommerfest. Geöffnet ist der Park von Mai bis Oktober und dann auch nur von 8 bis 20 Uhr – das Gelände ist somit ein geschütztes Refugium. Ein paar Schritte weiter, in der Orangerie im Aukamm, kann man die Batterien aufladen. Die Anlage umfasst eine Gärtnerei und dazu ein Café im renovierten Orangeriegebäude aus dem Jahr 1900, ein freistehender Backsteinbau mit Giebelsichtfachwerk im Stil der englischen Landhäuser. Heute beherbergt es ein Integrationsprojekt, und ein Großteil der Beschäftigten ist schwerbehindert. Die Lage bietet einen schönen Blick auf das Landschaftsschutzgebiet Aukamm, und die Vogelvielfalt ist regelrecht hörbar. Jeder Pieps verschafft einen Glücksmoment! Hat man also Lust auf einen Espresso, bevor man mit dem Bus wieder in die Innenstadt fährt, wird man dort fündig.

TIPP Apropos Hildegard von Bingen – das Kloster in Rüdesheim ist immer einen Besuch wert.

Apothekergarten Wiesbaden, Aukammallee, 65191 Wiesbaden, apothekergarten-wiesbaden.de
Orangerie Aukamm, Weinreb 23, 65191 Wiesbaden, Tel. (06 11) 23 87 49 68

Buslinie 17, 21, 23 und 24 in Richtung Bierstadt, Haltestelle Plutoweg und dann 5 Minuten Fußweg

Klein und oho

30 *Restaurant Hindukusch*

Gemütlich, lecker und sympathisch – so könnte man das kleine Restaurant zusammenfassen, und dazu ist es noch familiär und zentral gelegen. Kurzum, es ist ein Glücksort und Garant für einen schönen Abend, denn das Restaurant Hindukusch in der Nerostraße in Wiesbaden serviert in schöner Bistro-Atmosphäre sehr gutes Essen. In der offenen Küche wird mit viel Liebe orientalisch-international gekocht, und die Speisekarte umfasst leckere Grillgerichte, Salate, Currys und verschiedene vegetarische Leckereien. Legendär ist übrigens die Fischsuppe am Freitag, doch auch alle anderen Gerichte sind sehr empfehlenswert. Inhaber Kader Torkmani, erfolgreicher Quereinsteiger und Multitalent, kocht seit vielen Jahren zusammen mit seinem Team afghanische Spezialitäten in seinem Restaurant, und er sagt: „Meine Gäste sind mir das Wichtigste" – das spürt man. Torkmani hat lange selbst im Service gearbeitet und weiß einfach, was als Gastgeber wichtig ist. Seine Gäste honorieren das und bleiben ihm seit vielen Jahren treu. Als er für eine Renovierung im Sommer für ein paar Wochen geschlossen hatte, sprachen ihm Dutzende Gäste auf die Mailbox, weil sie sein Essen vermissten und sich erkundigen wollten, wann denn endlich wieder geöffnet sei. Das freut natürlich, und so wird im Hindukusch jeder Gast herzlich begrüßt, und sollte mal kein Platz frei sein, wartet man kurz, irgendwie wird man dann doch noch untergebracht. Es empfiehlt sich trotzdem, einen Tisch im Vorfeld zu reservieren, da das Restaurant sehr beliebt ist und die Plätze begrenzt sind, und weil es so gemütlich ist, bleibt man einfach länger sitzen. Manchmal entstehen auch Gespräche über den Tisch hinweg, und so vergeht die Zeit wie im Flug. Ein Geheimtipp ist auch einer der Barhocker am großen Schaufenster, von dem aus man bei einem Snack und einem Glas Wein das quirlige Nachtleben in der Nerostraße beobachten und einen abwechslungsreichen Abend erleben kann.

TIPP

Großartig ist der Hindukusch-Partyservice mit dem kleinen umgebauten Piaggio.

Restaurant & Bistro Hindukusch, Nerostraße 4–6, 65183 Wiesbaden, Tel. (06 11) 1 73 29 81

ÖPNV: Bus 1, Haltestelle Webergasse

Ein ganz heißes Pflaster

31 *Der Kranzplatz mit Kochbrunnen*

In der kalten Jahreszeit dampft es aus dem Boden, und mit Einbruch der Dunkelheit fühlt man sich wie in einer Filmkulisse, denn Nebelschwaden wabern über den Platz. Der Grund sind die Brunnen auf der großen Freifläche des Kranzplatzes, die das heiße Kochbrunnenwasser aus dem Boden speien. Der Geschmack des Wassers ist nicht jedermanns Sache, doch einmal sollte man es probiert haben! Ansonsten ist der große Platz einfach schön, um den Blick auf die historischen Prachtbauten rundum zu werfen. Blickt man links in Richtung Wilhelmstraße, steht dort ganz mächtig das ehemalige Hotel Rose. Lange stand es leer und verfiel, dann hat sich das Land um die Renovierung gekümmert und die Mauern wieder mit Leben gefüllt. Nebenan befindet sich das Hotel Schwarzer Bock, eines der ältesten Luxushotels, und könnten Mauern reden, hätten sie so einige Geschichten zu erzählen. Innen wurde das Hotel Jahr für Jahr sorgsam renoviert und ist seit jeher auch international sehr beliebt. Schräg gegenüber im ehemaligen Palasthotel befindet sich ein Wohn- und Geschäftshaus, und man erzählt sich die Geschichte, dass in den Siebzigern dort keiner einziehen wollte, denn es galt als altmodisch. Ganz im Gegensatz zu heute, wo Altbauwohnungen begehrt sind. Die prachtvoll geschmückte Außenfassade mit den geschwungenen Fensterformen ist ein Augenschmaus. Hier zeigt sich die Epoche des Jugendstils, und man kann kaum aufhören, die Ornamente zu bewundern. Der Platz wirkt durch die Historie und ist im Grunde Marktplatz, obwohl er gar nicht so heißt, denn als Fußgängerzone mit den Cafés und Sitzbänken sowie einem Spielplatz lädt er zum Verweilen ein. Ende Mai feiert man das legendäre Kranzplatzfest mit Erdbeerbowle und viel Musik. Bands spielen ab mittags von Folk bis Rock, und Alt trifft Jung, und selbst wenn es regnet, wird es spät, denn die ganze Stadt ist auf den Beinen.

TIPP Das Badhaus mit Thermalbecken im Hotel Schwarzer Bock ist ein Ort der Entspannung.

Kranzplatz oder Kochbrunnen, 65183 Wiesbaden
ÖPNV: Bus 1, 8, Haltestelle Kochbrunnen

Französisch genießen

32 *Restaurant Chez Mamie*

Das französische Restaurant im Bistrostil liegt ein bisschen versteckt, doch ist man in den gemütlichen Räumen mit den bordeauxfarben gestrichenen Wänden einmal angekommen, möchte man nicht mehr weg. Es wird traditionelle französische Küche geboten: Entrecote mit Pommes Frites und einer selbst gemachten Sauce Bearnaise, davor vielleicht ein Tartar oder Salade Nicoise. Das Restaurant nimmt einen mit nach Frankreich und in mediterrane Gefilde, ja, gefühlt is(s)t man in Paris. Aus den Lautsprechern tönt die passende Musik – französische Chansons, und so trifft man hier neben Geschäftsleuten auch den Französisch-Volkshochschulkurs oder Gourmets. Das Restaurant hat sehr viel Flair und ist kulinarisch einfach hervorragend. Die Inneneinrichtung ist geschmackvoll mit kleinen Bistrotischen, und kommt man mal in einer großen Gruppe, werden die Tische ganz unkompliziert zusammengeschoben. Während der Sommermonate lädt im Hinterhof eine lauschige Terrasse mit zwei Ebenen ein. Hier kann man schöne Abende verbringen, und schließt man die Augen, fühlt es sich an wie Urlaub. Eine angenehme Besonderheit ist, dass jedes Gericht in drei verschiedenen Größen erhältlich ist: klein, mittelgroß oder groß. Der Gast kann sich individuell ein Menü oder eine Zwischenmahlzeit zusammenstellen, sodass man auch bei kleinem Hunger die Auswahl genießen kann. Für Weinliebhaber gibt es eine umfangreiche Weinkarte, und klar, der gute Tropfen ist ebenfalls in allen Größen erhältlich. Gerade vor einer Abendveranstaltung möchte man vielleicht nur ein schnelles Abendessen einnehmen, auch darauf ist man hier perfekt vorbereitet. Das liegt wohl daran, dass sich in dem historischen Gebäude nebenan eine Kleinkunstbühne, das Pariser Hoftheater, verbirgt. Man trifft sich also vor oder nach der Vorstellung auf ein Glas Wein und eine Kleinigkeit im Chez Mamie.

Restaurant Chez Mamie, Spiegelgasse 9, 65183 Wiesbaden, Tel. (06 11) 36 02 48 00
www.chez-mamie.de
ÖPNV: Bus 1, 8, Haltestelle Kochbrunnen

LA CUVÉE
CHAMPAGNE
Laurent-Perrier
BRUT

Mode ohne viel Chichi

33 *Das Label Chichino von Angelika Platte*

Die Mode von Angelika Platte hat eine klare Linie, und so versteht sich auch der Name des Labels: Mode ohne viel Chichi, also ohne Firlefanz. Chichino macht moderne Mode für Frauen jeden Alters und für jede Figur, denn jedes Modell aus der Kollektion wird an die Maße der Kundin angepasst. „Hier gehen die Leute erst raus, wenn sie zufrieden sind und wenn alles richtig sitzt", sagt die Designerin. Angelika Platte, früher in einer Kreativagentur tätig, hat sich vor mehr als zehn Jahren den Traum eines eigenen Modelabels verwirklicht. Seither versorgt sie unter dem Namen Chichino viele Kundinnen mit perfekt passenden Kleidern – egal ob bürotauglich oder für ein Hochzeitsfest und egal ob in Wiesbaden oder anderswo, denn ihre Kundinnen kommen aus ganz Deutschland. Eine kleine, feine Herren-Kollektion ist inzwischen auch hinzugekommen. Regelmäßig präsentiert sie ihre Mode auf großen Modeevents. Das Atelier in der Nerostraße versprüht eine moderne Atmosphäre und könnte auch in einer angesagten Design-Metropole stehen. Man kann dort in aller Ruhe anprobieren, auswählen, und mit viel Zeit wird Maß genommen und die Schnittführung besprochen. Falls eines der vorrätigen Schnittmodelle passt, kann man das Kleidungsstück auch direkt mitnehmen. Kleinere Änderungen werden von der Schneiderin vor Ort vorgenommen. Die Modelle werden alle in der Nerostraße aus wunderbaren, meist italienischen Stoffen angefertigt. Ein Klassiker ist inzwischen die „Reisekollektion". Die Teile knittern nicht, man ist tagsüber wie abends gut angezogen, und mit ein paar Accessoires oder Handgriffen funktioniert man das Modell schnell und unkompliziert um und ist für jede Gelegenheit schick angezogen. Da wird beispielsweise der Mantel zur sportlichen Kurzjacke, indem man einen versteckten Rundum-Reißverschluss öffnet. Kurzum: Die Entwürfe sind alltagstauglich, aber nicht alltäglich. Die Modedesignerin trifft man auch immer mal nebenan in dem Bistro „Fridays Cupping room". „Das schönste Café von Wiesbaden", sagt sie, und manchmal geht man nach der Anprobe einfach rüber.

TIPP
Die Modenschau im Loftwerk Wiesbaden ist klasse!

Chichino, Nerostraße 36, 65183 Wiesbaden, Tel. (06 11) 1 71 22 58
www.chichino.de (Montag geschlossen)
ÖPNV: Bus 1, Haltestelle Jawlenskystraße

Kleiner Hausberg

34 *Der Neroberg*

Wiesbadens Naherholungsgebiet Nummer eins ist der Neroberg. Die Anhöhe gehört zum Taunusgebirge, und mit immerhin 245 Metern über dem Meeresspiegel ist der Stadtwald ideal für Spaziergänge, Lauftrainings oder für eine ausgiebige Runde mit dem Hund. Wer den Berg nicht mit dem Auto hochfahren möchte, nimmt die Nerobergbahn. Von dort oben, so ganz über der Stadt, hat man einen perfekten Ausblick, und es gibt einiges zu entdecken. Steigt man aus der Bahn, fällt einem sofort die parkähnliche Fläche mit dem Ausflugslokal und einem weithin sichtbaren Monopteros in Weiß ins Auge. In diesem kleinen Pavillon treffen sich Liebespaare und neuerdings auch immer wieder Instagrammer für Selfies. Manchmal tanzen auch Paare Tango oder Swing, denn der kleine Pavillon ist öffentlich und kann für private Veranstaltungen genutzt werden. Egal ob zum Picknick oder zum Jahreswechsel – die Kuppe des Hausbergs ist ein beliebter Treffpunkt. Neben dem Park sind am Südhang Reben der Rebsorte Riesling angepflanzt, und geht man zu der roten Sandsteinmauer mit den lebensgroßen Löwen aus Stein, kann man in aller Ruhe die Stadt von oben genießen. Links davon ist übrigens das Opelbad, und unübersehbar blitzen die goldenen Kuppeln der russisch-orthodoxen Kapelle zwischen den Blättern hindurch. Alternativ erklimmt man den Berg zu Fuß und geht vom Nerotal aus die Weinbergstraße hoch. Dabei kommt man durch ein Villenviertel mit einigen denkmalgeschützten Gründerzeit-Villen. Früher stand auf der Bergkuppe des Nerobergs ein verwunschenes Luxushotel im historischen Baustil, doch das ist im 20. Jahrhundert einem mysteriösen Brand zum Opfer gefallen, und seither steht nur noch der Turm – heute ein Ausflugslokal. Daneben wurde später eine „Erlebnismulde" in Form eines kleinen Amphitheaters angelegt, in der im Sommer kulturelle Veranstaltungen, zum Beispiel Improvisationstheater, stattfinden. Es wird einem also nicht langweilig auf dem Hausberg.

TIPP

Hier oben befinden sich gleich mehrere Glücksorte und dazu noch ein beliebter Kletterpark.

Neroberg, 65193 Wiesbaden

ÖPNV: Buslinie 1, Haltestelle Nerotal. Umsteigen in die Nerobergbahn oder 20 Minuten Fußweg

Fluss-Schifffahrt

35 *Unterwegs mit der Fähre Tamara*

Wenn man die Augen schließt, meint man, auf der Wolga unterwegs zu sein. Die Stimmen des Kapitäns mit russischem Akzent und der Mannschaft gehen unter im Wassergeplätscher. Wohin treiben wir denn, Fluss oder Meer? Öffnet man die Augen, merkt man, dass man schlicht und ergreifend auf dem Rhein schippert. Doch sobald man den Fuß auf die Fähre Tamara gesetzt hat, fühlt man sich wie im Kurzurlaub. Die Überfahrt zur Insel Rettbergsaue dauert nur wenige Minuten, doch ist sie mindestens so erholsam wie ein Mittagsschlaf. Die Rettbergsauen, mehrere Inseln im Rhein, direkt vor dem Schloss Biebrich, erstrecken sich über ein Areal, das zu den Stadtgebieten Biebrich und Schierstein gehört. Mitten im Rhein liegen also diese insgesamt 68 Hektar großen und drei Kilometer langen Inseln, und an der breitesten Stelle messen sie bis zu 300 Meter. Wegen ihrer reichhaltigen Vogel- und Pflanzenwelt sind 90 Prozent der Rettbergsauen Naturschutzgebiet. Die Restflächen stehen kostenlos der Naherholung zur Verfügung, und ganz besonders beliebt ist der Campingplatz mit einem idyllischen Sandstrand, von wo aus man auf das Schloss Biebrich blickt und die großen Frachtkähne vorbeiziehen sieht. Idyllisch! Das große Inselareal ist frei von Autoverkehr, und Hunde haben keinen Zutritt. Manche trauen sich, ein bisschen im Rhein zu schwimmen, doch es gab schon tödliche Unfälle, denn der Rhein ist hier wegen der Strömungen sehr gefährlich. Deshalb sollte man nur die Füße ins Wasser halten und ein bisschen planschen. Der Glücksmoment stellt sich eher durch die wunderbare Aussicht ein. Denn die Lage am Strom ist herrlich entspannend, und der Alltag ist weit weg am anderen Ufer. Nur mit der romantischen Personenfähre Tamara kommt man derzeit auf die Insel, denn der Fuß- und Radweg über die Schiersteiner Brücke ist wegen der Brückenarbeiten gesperrt. Verpasst man also die letzte Fähre gegen 20 Uhr, muss man auf der Insel übernachten. Doch es gibt Schlimmeres, denn auf dem Campingplatz findet sich stets ein interessanter Gesprächspartner, und der Sonnenuntergang von der Rettbergsaue in Richtung Rheingau ist immer wieder spektakulär.

Rettbergsaue Biebrich, Gartenfeldstr. 57, 65189 Wiesbaden, Tel. (06 11) 2 45 51
Abfahrt der Fähre entweder an der Anlegestelle Biebricher Schloss
ÖPNV: Bus 9, 14, Haltestelle Biebricher Anleger
oder im Schiersteiner Hafen, Hafenpromenade
ÖPNV Bus 18, 23, Haltestelle Schiersteiner Hafen

TAMARA

Vor dem Museum ist was los

36 *Das Kaffeemobil auf dem Museumsvorplatz*

Was wäre ein Museumsbesuch ohne den Kaffee danach? In Wiesbaden gibt es deshalb – zumindest donnerstags – das Kaffeemobil vor dem Museum. Der neu gestaltete Platz vor dem Landesmuseum mit Blick auf den modernen, lichten Neubau der Rhein-Main-Hallen, ist ein Hingucker. Schön, wenn man auch vor den Türen des Museums Spaß haben kann. Seit die neu renovierte Goethe-Statue vor dem Museumseingang steht, sollte man sowieso für einen kurzen Moment innenhalten und staunen. Das Innere ist natürlich ebenfalls sehenswert, denn es gibt ein schönes Museumscafé, einen gut sortierten Museumsshop und gleich zwei Abteilungen: Die Kunstausstellung mit Moderner Kunst, alten Meistern und wechselnden Sonderausstellungen sowie die Naturhistorischen Sammlungen, die so spannend sind, dass man nach dem Besuch der Malerei-Ausstellung gerne noch einen Abstecher dorthin macht, denn, wo gibt es so was, dass Ausstellungsstücke nach Farben sortiert sind? Einfach klasse – so macht Museum Spaß! Nach mehreren Jahren Baumaßnahmen stehen der Kunst- und der Naturhistorischen Sammlung insgesamt 7400 Quadratmeter Ausstellungsfläche zur Verfügung. 2007 wurde das Museum von der deutschen Sektion der AICA für seine Ausstellungstätigkeit und seine Sammlungsaktivität im Bereich moderner Kunst als „Museum des Jahres“ ausgezeichnet. Nach den Eindrücken einer Ausstellung ist es angenehm, sich draußen vor der Tür bei einem Heißgetränk ein bisschen frischen Wind um die Nase pusten zu lassen, deshalb ist die Idee mit dem türkisfarbenem Kaffeemobil am Donnerstag einfach toll. Dann liegen bunte Kissen auf den Treppenstufen, und man kann auf den Stufen sitzend den Blick ziellos schweifen lassen. An anderen Tagen geht man einfach ganz klassisch ins Museumscafé, das ein sehr empfehlenswertes Angebot bietet. Übrigens kann man die Bibliothek im Museum für private oder geschäftliche Veranstaltungen mieten, und wer schon immer mal eine Kundenpräsentation in stilvollem Rahmen veranstalten wollte, der ist hier genau richtig.

TIPP Samstag ist Frei-Tag! An jedem ersten Samstag im Monat haben auch Erwachsene freien Eintritt.

Museum Wiesbaden, Hessisches Landesmuseum für Kunst und Natur, Friedrich-Ebert-Allee 2 65185 Wiesbaden, Tel. (06 11) 3 35 22 50, www.museum-wiesbaden.de

ÖPNV: Bus 1, 8, 18, Haltestelle Rheinstraße oder Wilhelmstraße, vom Hauptbahnhof zehn Minuten Fußweg

MUSEUM

Kunst braucht Platz

37 *Kunsthaus und Artothek*

Wiesbaden liegt zu Füßen des Taunus, und der Anstieg von der Fußgängerzone hoch zum Schulberg bringt einen ganz schön aus der Puste. Doch der Weg lohnt sich, denn ganz oben kann man Kraft tanken, innehalten und nachspüren. Und das mitten in der Stadt. Zunächst geht man an der großen Gedenkstätte für die ehemalige jüdische Synagoge vorbei und links davon die Stufen hoch – viele, viele Stufen, und ist man dann irgendwann am Ende der Staffel angekommen, ist immer noch kein Ende in Sicht. Doch hier darf man kurz verweilen. Schon Romy Schneider war in den Fünfzigern zu Filmaufnahmen hier. Geht man weiter, kommt man geradewegs zum Kunsthaus auf dem Schulberg. Das Kunsthaus ist Treffpunkt für Künstler und Kunstinteressierte aus der ganzen Region. Es setzt sich zusammen aus dem alten Schulhaus und einem über 300 Quadratmeter großen, modernen Anbau, in dem regelmäßig internationale Künstler ausstellen. Das alte Schulhaus ist ein zweigeschossiges, an ein Palais erinnerndes Gebäude von 1863, zunächst als Elementarschule genutzt, später wurde daraus die renommierte Wiesbadener Werkkunstschule. Immer wieder finden hier Kunstausstellungen statt, und wenn die umfassende Renovierung abgeschlossen ist, wird das Gebäude wieder im alten Glanz erstrahlen.

Unbedingt mal reinschauen sollte man in die Artothek, eine Initiative der Stadt, wo man Kunst ausleihen kann. Zunächst sieht es aus wie eine Galerie. Viel Kunst hängt und steht rum, all dies kann man ausleihen, und zwar zu bezahlbaren Preisen. Kunstwerke aller Art sind im Angebot, wie in einer Bibliothek oder Videothek zeigt man seinen Ausweis vor und kann dann gegen eine festgelegte Gebühr das Kunstwerk mit nach Hause nehmen. Vielleicht eine moderne Skulptur oder ein Aquarell. Moderne Kunst und Klassische Malerei gibt es ebenso wie Fotografie. Einfach aussuchen, mieten, mitnehmen.

TIPP Es findet regelmäßig der „Tag der offenen Ateliers" statt. Termine auf der Website: www.kunsthauswiesbaden.org

Kunsthaus, Schulberg 10, 65183 Wiesbaden, Tel. (06 11) 31 90 02, Artothek Tel. (06 11) 58 02 78 28, www.wiesbaden.de/artothek

ÖPNV: Bus 6, Haltestelle Michelsberg

Tanz in der Kapelle

38 *Die Kapelle heißt jetzt Monta*

Der Eingang ist versteckt, sogar als Einheimischer läuft man fast daran vorbei, doch wenn man den Klingelknopf gedrückt hat, eröffnet sich einem der Zugang zu einem ganz besonderen Ort. Die ehemalige Krankenhauskapelle aus dem 19. Jahrhundert auf dem Schulberg lag lange im Dornröschenschlaf. Doch am Tag des Denkmals 2013 öffnete die Wiesbadener Kulturveranstalterin Kathrin Schwedler zum ersten Mal die Türen dieser kleinen Kapelle, und seither entwickelt sich der Ort mit viel ehrenamtlichem Engagement zu einem kulturellen Geheimtipp. Lesungen, Kabarett und Theateraufführungen sowie andere kleine, feine Kulturevents wie zum Beispiel Tangoabende oder Poetry-Slam finden hier statt. Die Kapelle gehörte zum Krankenhaus der Glaubensgemeinschaft „Barmherzige Brüder von Montabaur", die das Haus um 1870 erbaut haben. Inzwischen ist das Gebäude ein modernes Wohn- und Geschäftshaus, die Kapelle ist – anfangs ungenutzt – erhalten geblieben. Sie ist nicht groß und bietet etwa 40 Sitzplätze oder Platz für 20 Tanzpaare. Dank Ehrenamt wird inzwischen ein abwechslungsreiches Kleinkunstprogramm angeboten, und auch für verschiedene Theatergruppen ist die Kapelle inzwischen als Probenraum unverzichtbar. Weil der Ort so schön ist, wurde hier auch schon die eine oder andere freie Trauung veranstaltet, und dann trifft man sich danach zum Umtrunk im kleinen Garten hinter der Kapelle, wo ein Apfelbaum steht und alte Rosen ihren Duft verströmen. Es ist ein magischer Ort, und eine der Veranstaltungen sollte man sich nicht entgehen lassen. Das Programm findet man auf Facebook unter „Kulturclub Monta". Beim Tangotanz der Gruppe Milonga Monta erklingt an einem Spätnachmittag feine Tangomusik, und die Kapelle wird zum ballroom. Wo sonst kann man in einer kleinen Kapelle, die noch ihren ursprünglichen Charakter erhalten hat, so unkompliziert Kultur erleben?

Kulturstätte MONTA, Schulberg 7–9, 65183 Wiesbaden
www.kulturstaette-montabaur.de
ÖPNV: Bus 6, Haltestelle Michelsberg

Das Frauenmuseum

39 *Ein Museum der besonderen Art*

Der Name „Frauenmuseum“ ist schon ein bisschen irreführend, doch es geht um die Geschichte und Kultur von Frauen in der Gesellschaft. Das Wiesbadener Frauenmuseum ist eines der wenigen Museen in der Welt, das Frauen im Fokus hat. Weltweit sind etwa 80 Frauenmuseen gelistet, und so sind die Wiesbadener stolz, dass das 1984 gegründete Museum eine international anerkannte Einrichtung ist, die auch oft und regelmäßig internationalen Besuch bekommt. Das Frauenmuseum Wiesbaden zeigt Kunstausstellungen, aber es werden auch Vorträge zu frauenspezifischen Themen, Feminismus oder politischen Themen, wie zum Beispiel ganz aktuell der Paragraf 219a, veranstaltet. Das Frauenmuseum möchte das Selbstverständnis und die Selbstsicherheit von Frauen fördern, denn manchmal vergisst man im Trubel des 21. Jahrhunderts, dass Frauen ihr Wahlrecht erst mühsam erkämpfen mussten oder auch die Berufstätigkeit von Frauen lange nicht selbstverständlich war. Die Ausstellung zum Beispiel über die lange Geschichte der Frauenbewegung eröffnet ganz neue Perspektiven, und das jeweilige Rahmenprogramm inspiriert und lehrt. Das Frauenmuseum bietet auch Stadtführungen an, die an Orte von Wiesbadener Frauen führen, die „Spuren hinterlassen haben“, wie es im Veranstaltungskalender ausgedrückt wird. Für spirituell interessierte Frauen sind vielleicht die eher mystisch klingenden Waldspaziergänge interessant – warum nicht auf den Spuren der großen Göttinnen wie Holla, Hekate, Diana und Artemis durch die Wiesbadener Wälder streifen? Die Lage des Museums ist etwas versteckt, und kommt man in die Wörthstraße auf der Suche nach einem Museum, steuert man vielleicht zuerst das Gebäude an, das im Stil der italienischen Renaissance erbaut und mit einem Rosengarten und den vier weiblichen Skulpturen als Säulen geschmückt ist. Doch das ist eine andere Geschichte, das Wiesbadener Frauenmuseum liegt gegenüber, etwas versteckt in einem Hinterhof. Das hat auch sehr viel Flair und fühlt sich zudem schön geschützt an.

Frauenmuseum, Wörthstraße 5, 65183 Wiesbaden, Tel. (06 11) 3 08 17 63
www.frauenmuseum-wiesbaden.de
ÖPNV: Bus 4, 6, 15, 17, 33, Haltestelle Luisenforum

Muse
EINGANG

Schlemmen auf dem Markt

40 *Wiesbadener Wochenmarkt*

Der Wochenmarkt ist nicht einfach nur ein Wochenmarkt mit regionalen landwirtschaftlichen Erzeugnissen, es gibt auch Fleisch und Wildfleisch, Fisch und italienische Spezialitäten, ebenso Kaffee und Blumen und vieles mehr. Von März bis Oktober stehen außerdem unter dem Motto „Marktfrühstück“ sechs Veranstaltungen auf dem Programm, die zum Beispiel heißen „Bunte Vielfalt der Saison“ oder „Inspirationen zum Grillen“. Dann wird die Stimmung richtig ausgelassen, und es wird auf dem Wochenmarkt bei Livemusik gemeinsam geschlemmt. Als Besucher kauft man sich etwas Leckeres an einem der Stände und nimmt an einem der bereitgestellten Tische Platz. So kommt man ins Gespräch und genießt die guten regionalen Produkte zum ersten oder zweiten Frühstück. Auch Wein wird ausgeschenkt, denn Wiesbaden, als Stadt im Herzen des Rheingaus, ist Weinanbaugebiet. An den Hängen der Vororte Kostheim, Schierstein, Frauenstein, Dotzheim sowie Delkenheim gedeihen die Reben, vor allem Riesling. So präsentieren sich von Ende März bis Ende November im Wechsel die verschiedenen Wiesbadener Winzer mit ihren Erzeugnissen. Nebenan am Stand gibt es dazu entweder eine Wurst von der Currywurst-Manufaktur, eine Wildknackwurst von Waidwerk, Backwaren oder eine der vielen anderen Leckereien. Mit über 100 Marktständen bietet der Markt für alle etwas. Start ist frühmorgens um 7 Uhr, und pünktlich um 14 Uhr ist Schluss. Das wird streng kontrolliert, da muss man sich manchmal schon beeilen, gerade, wenn man sich bei einem Glas Wiesbadener Wein so schön entspannt hat. Die Lage vor dem malerischen Rathaus mit der Marktkirche im Hintergrund ist traumhaft, und deshalb ist jeder Markttag auch ein bisschen ein Happening. Man trifft sich, tauscht sich aus, erzählt sich Neuigkeiten. Überall stehen Grüppchen, die sich angeregt unterhalten, sodass man ab der Mittagszeit kaum zu den Ständen durchkommt. Ungeduldige sollten daher schon frühmorgens den Markt besuchen.

Dernsches Gelände vor dem Rathaus, 65185 Wiesbaden
ÖPNV: Bus 1, 8, 14, 17, 21,22, 23, 24, Haltestelle Dernsches Gelände

Das Viertel mausert sich

41 *Die kleine Schwalbacher Straße*

Noch immer ist der Umbau des Viertels nicht ganz abgeschlossen, doch in der Kleinen Schwalbacher Straße kann man schon spüren, wie das Viertel in den nächsten Jahren aussehen soll. Die ehemals dunkle Gasse, wo in den Neunzigern noch das Rotlichtmilieu tobte, ist schon heute ein innerstädtischer Ruhepol. In der idyllischen Altstadtgasse soll sich eine kleinteilige Geschäftswelt etablieren, und den Anfang hat dabei die alteingesessene Wiesbadener Kaffeerösterei Hepa gemacht, die zu Beginn der Fünfzigerjahre ganz in der Nähe auch gegründet wurde. Das Geschäftshaus in der Nummer 14 wurde für das Kaffeehaus aufwendig saniert und für diesen speziellen Zweck hergerichtet. Seit vielen Jahren röstet die Firma Hepa Kaffeebohnen nach einem patentierten Rezept und bietet nun hier seit 2008 die verschiedenen Sorten zum Probieren an, dazu eine Vielzahl an Kuchen sowie verschiedene Frühstücke. Auch die anderen Altstadthäuser im Viertel werden sukzessive renoviert. Im Restaurant Sahara gegenüber kann man in schöner Atmosphäre orientalische Spezialitäten wie zum Beispiel Falafel und dazu ein Glas Tee genießen. Während in der großen Schwalbacher Straße der Verkehr tobt, ist hier Fußgängerzone, und die Uhr dreht sich ein bisschen langsamer als andernorts. Neben der Gastronomie haben sich auch schon ein paar Einzelhändler hier niedergelassen, besonders hervorzuheben ist der Laden des Mode-Start-ups Truewoods, das trendige Ökomode im Stil von Ralf Lauren präsentiert. Die Baustelle nebenan zeigt, dass man noch mittendrin in der Entwicklung steckt, denn hier soll einmal ein verwinkeltes Viertel die bestehenden Hinterhöfe verbinden und dadurch eine kleinteilige, individuelle Einkaufspassage entstehen, und bald kann man durch die geplanten Passagen parallel zur Fußgängerzone bummeln. Bis dahin genießt man die Ruhe und nimmt auf einem der Außenplätze vor den Gastronomiebetrieben Platz.

TIPP Die große Fußgängerzone ist mit ihrem vielfältigen Angebot in unmittelbarer Nähe.

Kleine Schwalbacher Straße 3-5, 65183 Wiesbaden
ÖPNV: Bus 4, 14, 27, Haltestelle Kirchgasse

Hepa-Kaffee
HEPA
14

Romantische Stunden im Park

42 *Der Kurpark*

Der Kurpark hat über die vielen Jahrzehnte nicht an Anziehungskraft verloren. Der Eingang mit ehemaligem Kassenhäuschen liegt unscheinbar rechts vom Kurhaus. Von hier aus geht man vorbei am sogenannten „Nizzaplätzchen", einem schönen Platz mit Bänken, und steht gleich vor der Konzertmuschel mit Blick auf den Weiher. Insbesondere die Konzerte des Rheingau-Musik-Festivals werden hier veranstaltet, und es können bis zu 60 Musiker auf der Bühne Platz finden. Wer ohne Eintrittskarte der Musik lauschen möchte, kann sich auf den Liegewiesen hinter dem Weiher niederlassen, denn der Schall trägt die Musik weit in den Park hinein. Romantisch ist es auf dem künstlich angelegten Wasserteich mit Fontäne. Hier konnte man schon im 19. Jahrhundert mit der Liebsten Ruderboot fahren, und heute ist ein solches Erlebnis noch genauso schön. Die Fläche wurde sogar vergrößert, eine kleine Insel integriert und in den Fünfzigerjahren eine Fischskulptur aufgestellt. Egal ob Erholungssuchender, Romantiker oder Promi, der Park ist einfach ein Highlight. Mit fünf Kilometern Länge erstreckt sich die Grünanlage ab dem Stadtteil Sonnenberg entlang des Salzbachs. Die Fläche ist riesig, und man kann ausgiebig spazieren gehen. Immer wieder gibt es romantische Lichtungen oder ein Denkmal, und durch den dichten Blätterwald links und rechts sieht man die wunderschönen Villen aus der Gründerzeit. Das Gelände wurde über die Jahrzehnte immer mehr erweitert, und nur im eingezäunten Bereich darf man nicht Rad fahren, ansonsten ist der Park ideal für sportliche Aktivitäten, und es gibt immer irgendwo eine Gruppe, die entweder Yoga, Badminton oder Tai Chi praktiziert. In Richtung Sonnenberg kommt man am Tennisclub vorbei, wo im Sommer von morgens bis abends die Bälle fliegen. Der Park ist die grüne Lunge in der Innenstadt und auch immer mal Ort von Großveranstaltungen. Als der Dalai Lama vor Jahren dort eine Rede hielt, kamen rund 10.000 Menschen und lauschten seinen Worten. Gastronomie gibt es nur im Biergarten gegenüber der Konzertmuschel, von wo man einen schönen Blick hat.

TIPP Der Salzbach verschwindet ab dem Kurhaus in einen historischen Kanal, der besichtigt werden kann.

Kurpark, Parkstraße 7, 65189 Wiesbaden, Tel. (06 11) 1 72 90
ÖPNV: Bus 1, Haltestelle Kurhaus/Theater

Ausflugsziel mit Weitsicht

43 *Der Kellerskopf*

Ein weiterer Hausberg von Wiesbaden, etwas außerhalb, ist der Kellerskopf, und mit immerhin 474 Metern über Meereshöhe ist es ein Berg des deutschen Mittelgebirges Taunus. Der Kellerskopf liegt im Ortsbezirk Naurod, ein Vorort im Norden von Wiesbaden. Ganz oben auf dem Berg befinden sich Reste des Ringwalls Kellerskopf und ein Aussichtsturm sowie ein gemütlicher Berggasthof. Schon Wilhelm von Opel schätzte den Ort für Ausflüge und ausgiebige Wanderungen durch den Laubmischwald und stiftete damals den 18,5 Meter hohen Aussichtsturm auf dem Gipfel. Von oben hat man einen Blick bis weit nach Frankfurt und darüber hinaus. Egal ob im Winter oder Sommer, egal ob zu Fuß, per Fahrrad oder Auto – der Kellerskopf ist ein beliebtes Ausflugsziel für jedermann. Inzwischen ist es auch eine Filiale des Wiesbadener Standesamts, man kann sich hoch oben das Jawort geben und am besten gleich dort feiern, denn das Restaurant bietet neben dem Gastraum einen separaten Raum sowie eine große Terrasse, auf der auch ein Veranstaltungszelt Platz findet. Im Restaurant serviert man regionale Küche, und sehr empfehlenswert ist das hausgemachte Eis. Sogar im Winter sitzt man hier auf einen Kaffee und genießt die klare Luft und den Sonnenschein. Ansonsten sieht man, soweit das Auge reicht, nur Bäume, hier oben sagen sich Hase und Igel gute Nacht. Wiesbaden ist zwar in nächster Nähe, und doch ist es gleichzeitig ganz fern. Weit weg ist auch die Bundesautobahn oder die ICE-Trasse, und man hört nur das Rauschen der Blätter, ja man fühlt sich fast wie im Allgäu. Für die Kinder gibt es Spielmöglichkeiten und im Wald genügend andere Entdeckerfreuden. Radsportler nutzen die steile Anfahrt für Trainingszwecke, und auch Wanderer kommen voll auf ihre Kosten. Wer mit dem Auto anreist, kann auf einem großen Parkplatz parken. Zusammenfassend kann man sagen: Erholung mit Ausblick. Da hüpft das Herz vor Glück!

Kellerskopf 1, 65207 Wiesbaden, Tel. (0 61 27) 49 26
www.kellerskopf.de
ÖPNV: Bus 21, 22, Haltestelle Wiesbaden-Naurod, Erbsenacker, 30 Minuten Fußweg

WILHELM v. OPEL

Wechselbäder sind gesund

44 *Wassertreten mit dem Kneipp-Verein*

Es gibt gleich zwei Kneipp-Anlagen in Wiesbaden. Eine im Wald und eine stadtnah im Park. Wer schon einmal schwere Beine oder gar Krampfadern hatte, weiß die Wohltat eines kalten Tretbades zu schätzen. Aber auch nach langen Wanderungen oder langem Stehen ist ein kaltes Fußbad erfrischend. Der Fachbegriff für die Wasseranwendung lautet Wassertreten und bezeichnet eine Behandlungsmethode nach Sebastian Kneipp, ist daher auch als Kneippen bekannt. Beim Kneippen schreitet man im Storchenschritt so lange durch kaltes Wasser, bis sich die Füße kalt anfühlen, dann sollte man das Wasser verlassen und warten, bis die Füße sich wieder erwärmt haben. Diesen Vorgang wiederholt man mehrmals, und siehe da: Im Anschluss fühlen sich die Füße und Beine leicht und wohlig an. Die Kneipp-Anlage im Wald sieht aus wie eine kleine Schutzhütte. Bei einem Sturm wurde sie durch umstürzende Bäume 2017 erheblich zerstört, und nur durch Spenden und ehrenamtliches Engagement konnte die Anlage nach Monaten wiedereröffnet werden. Man findet sie, wenn man in Richtung Lahnstraße bis Chausseehaus fährt (Buslinie 275 in Richtung Bad Schwalbach) und von dort ca. 15 Minuten auf dem Wanderweg Richtung Schläferskopf geht. Die Route ist mit roten und schwarzen Punkten markiert. Eine zweite Kneipp-Anlage befindet sich stadtnah am Ende des Kurparks in der Grünanlage nahe des Thermalbads im Aukamm. Romantisch hinter Bambuspflanzen und hohen Bäumen ist ein Wassertretbecken in den Boden eingelassen, und zwar parallel zur Aukammallee, gegenüber Einmündung Hedwigstraße (Anfahrt per Buslinie 18 bis Thermalbad). Nach einem Spaziergang durch den Kurpark kann man sich hier erfrischen und ein wenig verweilen. Mehrmals hintereinander Wassertreten belebt, und man kann verstehen, dass auch manche Hunde die Wasserstelle zum Baden benutzen, denn sie ist einfach zu einladend. Doch das macht nichts, denn man soll das Wasser ja nicht trinken, sondern nur mit den Füßen durchwaten. Wassertreten für alle!

Kneipp-Verein Wiesbaden e.V.
www.kneipp-wiesbaden.de
ÖPNV: Anlage 1 mit Buslinie 275 in Richtung Bad Schwalbach, bis Chausseehaus, Anlage 2 mit Buslinie 18 bis Thermalbad im Aukamm

Predigt auf Englisch

45 *British Church Wiesbaden*

Um 1850 herum war Wiesbaden ein Hotspot mit über hunderttausend Einwohnern und etwa doppelt so vielen Touristen. Die Gäste kamen aus aller Herren Länder, und weil britische Gäste ihre Gottesdienste nach den Riten der anglikanischen Kirche abhalten wollten, baute sich die Glaubensgemeinde einfach eine eigene Kirche. The Church of St. Augustine of Canterbury ist der offizielle Name, und lange dachte ich, die Kirche hätte etwas mit den in Wiesbaden stationierten Amerikanern zu tun, doch in den Unterlagen der Kirchengemeinde kann man nachlesen, dass die Kirche im Jahr 1865 vom Erzbischof von Armagh aus Nordirland eingeweiht wurde. Zu ihren Besuchern zählten die Töchter der Königin Victoria von England und viele andere aus dem angelsächsischen Raum. Noch heute ist die Kirche ein Glücksort für viele englischsprachig aufgewachsene Wiesbadener – egal von welchem Kontinent sie stammen. Die Kirche steht unterschiedlichen Glaubensgemeinden offen, und manche Gospelchöre hört man bis auf die andere Straßenseite. Die Musik und der Gesang sind immer sehr lebendig und lebensbejahend. Obwohl die Kirche im Zweiten Weltkrieg und dann noch einmal 1966 gebrannt hat, hielt das Kruzifix den Flammen stets stand und ist auch heute noch – nach umfangreichen Renovierungen – im Inneren zu bewundern. Das könnte man als Zeichen sehen. Auch im 21. Jahrhundert stehen wieder Renovierungsarbeiten an, es werden Spenden gesammelt, denn die Kirche bezieht keinerlei Einkünfte oder gar Kirchensteuer. Das sind dann Gelegenheiten, wo ein Flohmarkt für alle vor der Kirche stattfindet. Egal ob gläubig oder nicht, die Kirche steht jedem offen und ist ein echter Glücksort. Wiesbaden ist nämlich ganz schön international, auch wenn man das erst auf den zweiten Blick spürt. Nicht nur Gottesdienste, auch Vorträge, Veranstaltungen für Kinder und Theaterstücke oder Konzerte finden hier statt, und zwar immer in englischer Sprache.

Frankfurter Straße 3, 65189 Wiesbaden
www.saugustines-wiesbaden.de
ÖPNV: Bus 1, 8, 14, 15, 18, Haltestelle Friedrichstraße (Ecke Wilhelmstraße)

Saint Martin

Spitzt mal die Ohren

46 *Das Literaturhaus in der Villa Clementine*

Die Villa Clementine beherbergt seit 2002 das Literaturhaus und ist zudem eines der prachtvollsten Gebäude in der Innenstadt. Es lohnt sich also ein Besuch, auch wenn man kein Büchernarr ist. Die Villa wurde im klassizistischen Stil erbaut und ist seit der Renovierung wirklich ein Schmuckstück. Die Decken in allen Räumen sind mit prächtigem Stuck verziert, dazu gibt es verschiedene Wintergärten und Terrassen, und im Treppenhaus schreitet man über schwarze Marmorstufen. Sogar schon als Filmkulisse haben die Räume gedient, denn einige Szenen für den Film „Die Buddenbrocks" wurden hier gedreht. Besonders sehenswert sind die Innenräume mit einer Höhe von über fünf Metern, doch das Haus ist kein Museum, sondern für alle da. Anders als in Buchläden oder Bibliotheken muss man hier nicht selbst lesen, sondern einfach nur die Ohren spitzen. Literatur wird in Lesungen hörbar gemacht. Besonders greifbar wird die Hörkunst beim jährlichen Hörfest, einem Klangfestival des Hessischen Rundfunks. Bei manchen Veranstaltungen haben die Besucher die Augen geschlossen, um noch besser zu hören und die Sinne ganz konzentriert auf die Klänge richten zu können, ein Glückserlebnis ganz eigener Art. Regelmäßig findet in den Räumen auch das Literaturfest statt, dazu im Frühjahr der Krimi-März und verschiedene Lesungen – egal ob Jungautoren oder namhafter Schriftsteller. Auch andere Medienschaffende und Lektoren finden hier zusammen, denn im Erdgeschoss befinden sich die Räumlichkeiten des Presseclubs Wiesbaden, in denen immer mal spannende Vorträge stattfinden. Im Dachgeschoss ist eine Wohnung untergebracht, denn die Villa Clementine besitzt als eines der wenigen Literaturhäuser in Deutschland eigene Räumlichkeiten für längere Aufenthalte von Autoren beispielsweise von Krimistipendiaten, die dann dort übernachten dürfen. Egal ob Tourist oder Einheimischer, das Gebäude ist sehenswert. Schön, dass es öffentlich zugänglich ist und es im 1. Stock sogar ein Café gibt.

TIPP

Für TV-Fans gibt es Tipps zu Sendungen auf ARTE TV mit literarischen Vorlagen.

- **Literaturhaus Villa Clementine, Frankfurter Straße 1, 65189 Wiesbaden, Tel. (06 11) 31 57 45 www.wiesbaden.de/literaturhaus**
- **ÖPNV: Bus 1, 8, Haltestelle Wilhelmstraße, alternativ Dernsches Gelände mit kurzem Fußweg**

Villa Clementine
WC und Garderobe

Das Foyer macht was her

47 *Foyer des Staatstheaters*

In den Theaterpausen geht man im Staatstheater in Wiesbaden ins Foyer. Hinter diesem zunächst unauffälligen Wort verbirgt sich im Hessischen Staatstheater ein imposanter Spiegelsaal mit mondäner Ausstattung. Hier glitzert und funkelt es, und man fühlt sich wie in einem prunkvollen Schloss. Erbaut wurde das Foyer von Felix Genzmer 1902 auf Wunsch von Kaiser Wilhelm II. zu den damaligen „Kaiserfestspielen", und auch heute beeindruckt der zweistöckige Raum mit viel Dekor und der Mischung aus Neobarock und Rokoko. In der Mitte führt eine große doppelte Treppe auf die Galerie, von der man dann auf den Innenraum schauen kann. Früher durften hier nur gut betuchte Besucher in den Theaterpausen ihr Gläschen Sekt schlürfen, doch heute ist es für jedermann geöffnet. Die Räumlichkeiten sind jedes Mal wieder von Neuem beeindruckend, jeder Platz in dem Raum eröffnet einen anderen Blickwinkel. Die Deckenmalereien sind imposant, und die prunkvolle Atmosphäre überträgt sich auf die Besucher – man schreitet geradezu majestätisch zur Getränkeausgabe. Manchmal finden im Foyer auch Empfänge oder Tanz-Events statt, insbesondere der Tango-Salon ist ein fester Termin im Programm des Staatstheaters. Dann tanzen Tangopaare unter den Deckenmalereien von Kaspar Kögler, die Spiegel an den Wänden reflektieren das Licht und leuchten mit dem Kronleuchter um die Wette. Der Prunk und die vielen Spiegel lassen auch heute noch die Besucher staunen, und als im Rahmen eines Theater-Happenings 2018 eine Supermarktkette dort für zwei Wochen ihre Pforten öffnete, erhielt die Aktion ein großes Presse-Echo. Der Kontrast vom Supermarkt zu dem prunkvollen Innenraum war beachtlich, und vielleicht hat der Raum dadurch auch wieder neue Beachtung gewonnen. Denn nach der Aktion steht das Foyer nun wieder jeden Abend dem staunenden Publikum als Pausenraum zur Verfügung. Durch das Happening hat das Theater nun ein paar interessierte Zuschauer mehr, was erfreulich ist, denn das Programm des Hessischen Staatstheaters ist beachtlich.

Hessisches Staatstheater Wiesbaden, Christian-Zais-Straße 3, 65189 Wiesbaden, Tel. (06 11) 06 11 13 23 25, www.staatstheater-wiesbaden.de

ÖPNV: Bus 1, 8, 16, Haltestelle Kurhaus/Theater

Das Haus der Sinne

48 *Das Freudenberger Schloss*

Wie entsteht eigentlich eine Eisblume oder wie schmeckt Kaffee bei völliger Dunkelheit? Solche Fragen werden im Schloss Freudenberg beantwortet, denn hier gehen die Sinne auf Entdeckungsreise. Auf dem Erfahrungsfeld der Sinne sind über 100 Stationen im Angebot, und egal ob Kinder oder Erwachsene, die Wahrnehmung ist danach eine neue. Ein Klangraum lässt den ganzen Körper hören, und auf dem Barfußpfad lernt man seine Füße neu kennen. Im Garten stehen außerdem Bienenstöcke und Sonnenuhren zum Entdecken bereit, und eine Windharfe macht Musik. Die Kältekammer, in der man tatsächlich Eisblumen beim Wachsen zuschauen kann, ist in Deutschland einmalig. Wiesbaden ist glücklich, dass die beiden Macher Beatrice Dastis Schenk und Matthias Schenk sich vor rund 20 Jahren in das Haus verliebt und seither einen langen Atem bewiesen haben. Das Museum für das Unterbewusstsein oder kurz „Freudenberger Schloss“ wurde über die Jahre liebevoll und Schritt für Schritt mit viel Eigeninitiative und Spenden renoviert, beeindruckt mit einem ganz besonderen Charme. Man hat sich an Montessori orientiert mit dem Leitsatz „Hilf mir es selbst zu tun“, und die zu Anfang veranschlagten Renovierungskosten in Millionenhöhe haben den gegründeten Verein nicht blockiert, sondern motiviert. Am Beispiel der Fenstersanierung wird das sehr deutlich. Die vielen Namen der Spender sind in einer Liste verewigt, und immer, wenn wieder Geld da war, also Schritt für Schritt, wurde ein Fenster nach Denkmalschutz-Gesichtspunkten instand gesetzt und nachhaltig gepflegt. Das geht so weit, dass man das Leinöl, das Grundlage für die Herstellung von Fensterkitt und Holzpflegemittel ist, selbst herstellt, und zwar aus den Leinsamen, die im Garten wachsen. So viel Gutes tut auch den Besuchern gut und inspiriert diese auf wunderbare Weise. Im Café kann man eine Pause einlegen und auf der Terrasse sitzend den Sinnen freien Lauf lassen. Regelmäßig finden Führungen statt, auch Firmenveranstaltungen oder Hochzeiten können in den Räumen veranstaltet werden.

TIPP Jeden ersten Donnerstagabend lädt das Café zum After-Work ein unter dem Motto „Raus aus der Stadt, rauf auf den Berg“.

Schloss Freudenberg, Freudenbergstraße 224–226, 65201 Wiesbaden
www.schlossfreudenberg.de
ÖPNV: Bus 23, 24, Haltestelle Märchenland

Filmrolle ganz groß

49 *Das Murnau Filmtheater*

Wenn ein Kinofilm erst ab zwölf Jahren freigegeben ist, dann kann man sich ziemlich sicher sein, dass diese Entscheidung in Wiesbaden getroffen wurde, denn hier sitzt die Filmbewertungsstelle. Doch noch andere wichtige Institutionen haben hier ihren Sitz, nämlich das Landesstudio des Zweiten Deutschen Fernsehen, das Institut für Kino und Filmkultur e.V. und viele weitere mehr, und zwar seit 2009 in dem eigens dafür gebauten deutschen Filmhaus, das sämtlichen filmkulturellen Einrichtungen als gemeinsames Domizil dient. Das sieht man unmissverständlich von außen, denn das Kinogebäude ist schon weithin sichtbar, weil die Außenhülle einer Filmrolle nachempfunden ist. Das oval runde Gebäude leuchtet zudem in der Dunkelheit in wechselnden Farben. In dem Programmkino mit 100 Sitzplätzen werden von Mittwoch bis Sonntag wechselnde Filme gezeigt, oft auch im Original (mit Untertiteln), denn man hat es sich zur Aufgabe gemacht, das Kulturgut Film zu erhalten und die Wertschätzung zu fördern. Monatlich wird ein Programm mit besonderen Schwerpunkten, wie Sport oder Kulinarik, herausgegeben, manchmal in Zusammenarbeit mit dem Kulturzentrum Schlachthof, das gegenüber ist. Hin und wieder gibt es auch eine besondere Nachmittagsvorstellung, und es lohnt sich, im Vorfeld das Programm zu studieren und sich die Karten zu reservieren. Die Friedrich-Wilhelm-Murnau-Stiftung ist seit 1966 aktiv tätig und kümmert sich um den Erhalt von Filmen. Teilweise werden Filmbestände digitalisiert, die Zahl der Filme ist immens: Mehr als 6000 Stumm- und Tonfilme umfasst der Bestand. Einer der bekanntesten Filme ist Metropolis, ein uraufgeführter Stummfilm von Fritz Lang aus dem Jahr 1927, der auf der Liste der UNESCO-Weltdokumentenerbe steht. Wiesbaden ist also auch ein bisschen eine Filmstadt, und mit diesem Haus hat Wiesbaden ein zweites Programmkino und bereichert die Kulturlandschaft der Landeshauptstadt.

TIPP Das Kino kann man auch für private Veranstaltungen mieten.

Murnau Filmtheater, Murnaustraße 6, 65189 Wiesbaden, Tel. (06 11) 9 77 08 41
www.murnau-stiftung.de

ÖPNV: Bus 3, 6, 27, bis Haltestelle Welfenstraße. Vom Hauptbahnhof fußläufig

BMZ

Mit den Händen sehen

50 *Das Blindentastmodell der Stadt*

Das Visuelle ist auch immer wieder Thema in Wiesbaden. Möglicherweise liegt es daran, dass der berühmte Augenarzt Alexander Pagenstecher Mitte des 19. Jahrhunderts die Augenklinik eröffnete oder der „Augenmüller“ seit mehr als 150 Jahren Menschen mit Augenprothesen einen lebensechten Blick schenkt. Jedenfalls gibt es in der Stadt gleich mehrere Architektur-Tastmodelle zu bewundern. Eines steht im Foyer des Hauptbahnhofs, ein weiteres am Ende des Säulengangs vor dem Hessischen Staatstheater und ebenfalls ein sehr schönes aus Bronze steht in der Fußgängerzone, an der Stelle wo der Michelsberg die Langgasse kreuzt und eine Bank zum Ausruhen einlädt. Hier kann man einfach mal im Trubel der Einkaufsstraße innehalten und die Stadt erspüren. Vielleicht tastet man mit den Fingern vorsichtig über die Stadtsilhouette und fühlt, wie das Häusermeer die Innenstadt geformt hat. Lässt man sich für einen Moment darauf ein, dann entdeckt man die Straßenzüge und das sogenannte historische Fünfeck plötzlich ganz anders und erfährt die Innenstadt auf neue Weise. Durch das Ertasten werden die Achsen der Stadt klar, und ach, da spürt man eine große Freifläche und dazu im Kontrast die dicht bebaute Wilhelmstraße mit angrenzender Fußgängerzone. Die Ringstraße rund um den Stadtkern macht plötzlich Sinn, und klar, dass an dieser Skulptur fast jede Stadtführung haltmacht, denn es ist sehr anschaulich, die Innenstadt als 3-D-Modell zu erfahren.
Apropos Stadtkern, das sogenannte „historische Fünfeck“ liegt um den mittelalterlichen Kern der Stadt und geht zurück auf die Planung des nassauischen Baumeisters Christian Zais, der zu Beginn des 19. Jahrhunderts die planerische Grundlage für die weitere Entwicklung zur mondänen Kurstadt legte. Der Mittelpunkt ist der Schlossplatz, und das macht das Blindentastmodell durchaus sichtbar. Erlebe Deine Stadt neu und mach kurz die Augen zu.

Blindentastmodell, Michelsberg Ecke Langgasse, Fußgängerzone, 65183 Wiesbaden
ÖPNV: Bus 3 und 33, Haltestelle Michelsberg

Wie viele Beine hat ein Reh?

51 *Moderne Kunst im Nerotal Park*

Am Anfang, sozusagen an der Spitze des Parkgeländes, steht ein imposantes Denkmal, und nebenan genießt man im Straßencafé den Müßiggang. Von hier aus führen verschiedene Wege in diese lang gezogene Grünanlage im Nerotal, links und rechts mit prachtvollen Gründerzeit-Villen gesäumt. Wie für viele Wiesbadener Parks dienten auch für die Nerotal-anlage englische Landschaftsgärten als Vorbild, und so wirkt der Park ein bisschen wie ein wild gewordener botanischer Garten. Kurzum – es ist ein wunderschöner Park, und in einem der Weiher steht inzwischen auch moderne Kunst. Eine Skulptur. Ein weißes Reh. Erst mit dem zweiten Blick fällt es einem auf – ja, das Reh hat ein fünftes Bein. Wie kommt's? Im Rahmen des Kunstsommers 2010 kam die Skulptur des Künstlers Michael von Brentano nach Wiesbaden, und zwar in den Park Nerotal – für einen Sommer lang und trug den verwirrenden Titel „Die Verweildauer von Augenblicken sollte nicht eingeschränkt werden". Nach Ende des Sommers und damit der Ausstellung wurde die Skulptur wieder abgebaut, doch die Bewohner hatten sich so sehr an den Anblick gewöhnt, dass sie das Reh vermissten und protestierten. Also holte die Stadt das Reh zurück, und nun steht es für immer, tagein tagaus im kleinen Tümpel und verwirrt den Betrachter mit einem fünften Bein. Wiesbaden hat ein Faible für die Moderne, bereits bei den zurückliegenden Kunstsommern wurden Kunstwerke angekauft und dauerhaft im Stadtraum aufgestellt, beispielsweise die Koffer am Bahnhofsplatz oder das Tor gegenüber dem Landeshaus. So soll kontinuierlich ein Skulpturenparcours im Stadtbereich entstehen. Das weiße Reh und die moderne Kunst passen auch sehr gut in den schön gestalteten Park, wenn im Sommer wieder eines dieser Events „Dinner in Weiß" stattfindet, wo alle Gäste weiß gekleidet und auch die Tische und Stühle mit weißen Hussen dekoriert sind (Termine in der Zeitung). Warum das Reh ein fünftes Bein hat? Dafür gibt es viele Antworten, und jeder Betrachter hat seine eigene.

TIPP Links am Park entlang verläuft ein schmaler, denkmalgeschützter Rasenstreifen, der Reitweg Kaiser Wilhelms II.

Weiher im Nerotal Park, Nerotal, 65185 Wiesbaden
ÖPNV: Bus 1, Haltestelle Nerotal

Ein Stück Wiesbaden, bitte

52 *StadtStück Souvenirladen*

Von einem Glücksort bringt man sich gerne ein Erinnerungsstück mit, denn so ein Souvenir zaubert regelmäßig wieder ein Lächeln auf die Lippen. Nun sind Souvenirläden etwas aus der Mode geraten und gut, dass es in Wiesbaden ein Gegenstück gibt. Nämlich den Laden mit Namen Stadtstück. Das Ehepaar Wasem-Thiele bietet in dem hübschen Geschäft in der Altstadt Souvenirs der besonderen Art an. Es gibt viele schöne Kleinigkeiten, die einen Bezug zu Wiesbaden haben, zu kaufen, allesamt in regionalen Manufakturen produziert. Vieles haben die kreativen Ladenbesitzer selbst entwickelt, manches sind Unikate. Das Wiesbaden-Quiz zum Beispiel macht Spaß, und will man mehr über die Stadt wissen, gibt es Bücher und Bildbände jeder Couleur. Es gibt kleine Fotos von Sehenswürdigkeiten, die aus einer ungewöhnlichen Perspektive fotografiert wurden sowie Kulinarisches: Wiesbadener Senf, Marmeladen und Gewürzmischungen, Honig und Wein und vieles mehr. Auch Geschirr ist erhältlich, zum Beispiel für die Grüne Soße oder für die regionale Köstlichkeit hessischer Apfelwein. Es macht einfach großen Spaß zu stöbern und sich auch als Einheimischer von persönlichen Glücksorten in Wiesbaden ein Mitbringsel zu kaufen. Plötzlich findet man Geschenkideen für Kollegen, für Neugeborene oder die Neu-Wiesbadener in der Nachbarschaft. Kleinigkeiten für die Verwandten und Freunde, oder man kauft einfach einen Schwung Postkarten mit Wiesbaden Motiven, um allen Lieben mal wieder einen Gruß aus dieser schönen Stadt zu schicken. Der absolute Renner ist übrigens ein Teelicht, das die Wiesbadener Stadtsilhouette als Schatten wirft, das leuchtet mit Sicherheit schon in vielen Ecken dieser Welt. Bald soll es auch einen Onlineshop geben, doch es geht nichts über das Stöbern vor Ort, denn dabei wird man inspiriert und bekommt plötzlich Lust, die Orte auch zu besuchen. Deshalb unbedingt Zeit mitbringen, denn die vielen kreativen Dinge sind sehenswert.

StadtStück, Goldgasse 5, 65183 Wiesbaden, Tel. (06 11) 89 04 42 23
www.stadtstueck.de
ÖPNV: Bus 1, Haltestelle Webergasse und sämtliche Linien mit dem Halt am Dernschen Gelände

love peace &
abwaddeun
GUDE!
guu de!
ei gude

Kultur und Biergarten

53 *Kulturzentrum Schlachthof*

Vom besetzten Gebäude zu Deutschlands Club des Jahres, das muss man erst mal schaffen. Den Machern des Kulturzentrums Schlachthof ist dies gelungen. 1994 startete man damit, die Lieblingsbands für Auftritte in das ehemalige Schlachthaus am Hauptbahnhof zu holen, und heute ist daraus ein professionelles Kulturunternehmen geworden, das mit 24 Festangestellten und 100 Aushilfen auch auf Wirtschaftlichkeit achten muss. Geblieben sind die Leidenschaft für Musik und der Anspruch eines alternativen Kollektivs. Die alternativen Wurzeln machen sich in der Programmauswahl durchaus bemerkbar, doch die Vielfalt wird immer größer, denn auch die Veranstalter werden älter, und so gibt es inzwischen das eine oder andere klassische Konzert, das dann im Museum oder in einer der örtlichen Kirchen veranstaltet wird. Im Sommer finden auf dem großen Gelände auch Open-Air-Konzerte und immer mal ein Kinderprogramm statt. Die alte Schlachthofhalle genügte irgendwann den Bestimmungen nicht mehr, sodass 2012 eine Mehrzweckhalle gebaut werden musste und die alte Halle inzwischen abgerissen ist. Viele trauern dem Charme der alten Halle nach, doch dafür ist inzwischen der denkmalgeschützte Turm renoviert, und der kann sich wirklich sehen lassen. Mit den Jahren ist die Programmvielfalt immer größer geworden, ebenso das Angebot, denn es finden fast 400 Konzerte im Jahr statt. Der Wasserturm ist mit Einbruch der Dunkelheit dramatisch angeleuchtet und einfach ein Hingucker. Dort ist das Lokal 60/40 mit großem Biergarten und der Club „Kesselhaus“ für kleinere Konzerte untergebracht. Heutzutage ist die Zielgruppe tatsächlich von 14 bis 84 Jahren, und zu manchen Konzerten reisen die Gäste auch aus über 200 Kilometern Umkreis an. Die Räumlichkeiten bieten Platz für Proberäume, auch das Cateringunternehmen Hofköche hat hier seinen Sitz und veranstaltet regelmäßig Dinner-Events mit Musikbegleitung. Im Sommer ist das ganze Areal ein beliebtes Ausflugsziel, denn die Grünanlage Kulturpark grenzt unmittelbar an den Schlachthof. Multikulti mit großem Spaßfaktor!

TIPP Mehr Infos zu vielen Kultureinrichtungen gibt es in der App Kulturpfand Wiesbaden.

Kulturzentrum Schlachthof e.V., Murnaustr. 1 (ehemals Gartenfeldstraße 57), 65189 Wiesbaden Tel. (06 11) 97 44 50, www.schlachthof-wiesbaden.de

ÖPNV: S-Bahn Linien S1, S8 und S9, Haltestelle Hauptbahnhof

Hier ist der Bär los

54 *Zu Besuch in der Fasanerie*

Wenn einem das Stadtleben über den Kopf wächst, sollte man im Wildpark Fasanerie spazieren gehen und sich wieder mit der Natur verbinden. Die Anzahl der Besucher bestätigt, dass die Fasanerie eine Lücke geschlossen hat, und den Städtern tut ein bisschen Wildpark einfach gut. Viele, die die Fasanerie zum ersten Mal besuchen, wissen wenig von den heimischen Wildtieren und auch nichts über den beneidenswert langen Winterschlaf der Bären. Der über 25 Hektar große Naturpark bietet Einblick in die Natur und viel Lernpotenzial. Nicht nur Kinder sind begeistert, wenn sie bei der Fütterungstour mitgehen dürfen und im angeschlossenen Bauerngarten einheimische Kräuter und Blumen entdecken können. Das Gelände befindet sich am Wiesbadener Stadtrand und war ehemals ein Tiergehege für die Jagd. Nachdem es lange brachlag, wurde es in den Fünfzigerjahren von der Stadt zum Park umgebaut und ist seitdem ein beliebtes Ziel für Naturliebhaber. In den Neunzigern nahm ein Förderverein die Dinge aktiv in die Hand und durch ehrenamtliches Engagement der Naturliebhaber ist der Park heute in einem sehr guten Zustand und das, obwohl kein Eintritt verlangt wird. Viele Tierarten, die dort leben, sieht man sonst nur im Fernsehen: Luchse, Waschbären, Wolf oder Wisente – in der Fasanerie trifft man sie alle. In dem Tierpark kann man die Tiere in Ruhe beobachten und bestaunen, und bei naturpädagogischen Angeboten erfährt man mehr über die Natur. Die Anlage ist leicht hügelig, mit Bäumen angelegt und perfekt für einen Aufenthalt mit der Familie. Hier können auch Kindergeburtstage veranstaltet werden. Ein besonderer Hingucker sind die Kaukasustannen und nordamerikanischen Mammutbäume – solche Bäume sieht man nicht überall. Ebenso wie die Bären, die in dem großen Bärengehege herumtollen und nur manchmal in Sichtnähe sind. Wenn sie aber in die Nähe der Besucher kommen, ist es für Erwachsene wie Kinder ein unvergessliches Erlebnis, und man spart sich den Flug nach Amerika, um vielleicht einen Bären zu sehen.

TIPP

Fütterungstouren finden täglich um 11 und 15 Uhr, außer freitags statt.

Tier- und Pflanzenpark Fasanerie, Wilfried-Ries-Str. 20, 65195 Wiesbaden, Tel. (06 11) 4 09 07 70
ÖPNV: Bus Linie 33 fährt wochentags alle 20 Minuten ab Hauptbahnhof, am Wochenende alle 30 Minuten

Genussschmiede

55 *Goldschmiede Loftwerk Anja Roethele*

Schon die Lage dieser Goldschmiede im zweiten Stock ist ungewöhnlich. Man klingelt, als würde man der Goldschmiedin privat einen Besuch abstatten, und die Inhaberin Anja Roethele macht einem auch höchstpersönlich die Tür auf. Dann kommt man in den wunderbaren Atelierraum und entdeckt, dass das Loftwerk viel mehr als nur eine Goldschmiede ist. Die Inhaberin hat ihre Werkstatt in ein Loft umgewandelt. Hier oben können Kunden in aller Ruhe Auftragsarbeiten besprechen, Metalle und Edelsteine auswählen oder beim Trauring-Workshop die gemeinsamen Eheringe fertigen. Doch das Loftwerk bietet noch viel mehr. Mit der Renovierung und Umgestaltung der Etage hat sich Anja Roethele einen Traum verwirklicht, oder vielleicht war es auch umgekehrt, und die Räumlichkeiten haben darauf gewartet, endlich von einem kreativen Geist entdeckt zu werden, um an die Öffentlichkeit zu gelangen. Das Loftwerk in Wiesbaden ist aus der Kulturlandschaft nicht mehr wegzudenken und bietet eine tolle Mischung: Goldschmiede, Genusslabor und Kunstgalerie. Anja Roethele lädt immer wieder zu interessanten Veranstaltungen ein. Feste Termine sind die Abende mit Sommelier Michael Kietzmann, die sogenannte Wiesbadener Wine-Lounge an jedem zweiten Donnerstag und die Genuine Gin Lounge an jedem ersten Freitag im Monat. Aber auch namhafte Künstler laden hier zur Vernissage, und manchmal gibt es eine Modenschau, wenn Angelika Platte ihre neue Chichino-Kollektion präsentiert. Dann ist was los zwischen den alten, gusseisernen Säulen. Auch Firmen können hier ihre Veranstaltungen stattfinden lassen, und manchmal wird dann sogar die Werkbank mit in die Veranstaltung integriert und zu später Stunde vielleicht etwas Gold geschmolzen. Wer sich für das Arbeiten an der Werkbank interessiert, der kann sich für einen Trauring-Workshop anmelden, denn es ist zwar nicht bewiesen, doch man kann sich schon vorstellen, dass ein mit eigener Hand geschmiedeter Ring eine Ehe länger halten lässt. Zumindest hat man viel Spaß beim Anfertigen des Rings. Es lohnt sich, mal ins Programm zu schauen.

Loftwerk Anja Roethele, Langgasse 20, 65183 Wiesbaden, Tel. (06 11) 18 17 11 45
www.loftwerk-roethele.de

ÖPNV: Bus 1, 8, 14, 17, 21, 23, 24, 47, Haltestelle Dernsches Gelände

LOFTWERK

Brunnen mit Ausschank

56 *Restaurant und Biergarten Sherry & Port*

Die Tapas-Bar Sherry & Port ist generationenübergreifend. Seit fast 40 Jahren eine Wiesbadener Institution wird sie inzwischen in zweiter Generation betrieben, und es gibt wohl kaum eine andere Kneipe, die eine ähnlich umfangreiche Getränkekarte bietet, und zwar nicht nur Sherry und Port, sondern Whisky oder Wein und Bier. Einer der Macher hat sogar ein neues Getränk mitentwickelt, nämlich das alkoholfreie Materia, ein Mate-Drink, der es inzwischen sogar bis ins Regal der Getränkehändler geschafft hat. Die Kneipe ist urig, und Geselligkeit wird hier großgeschrieben. Auch die Speisen können sich sehen lassen, denn neben Tapas und Cevice gibt es wechselnde Tagesgerichte. Weil die Familie ursprünglich aus Österreich kommt, steht natürlich Kalbsschnitzel auf der Speisekarte. Regelmäßig treten außerdem Bands auf, und nicht nur Gäste aus der Nachbarschaft zählen zu den Stammgästen. Wenn es dann endlich wieder Sommer ist, kommt ein ganz besonderes Highlight hinzu, nämlich die Außenbewirtschaftung. Fast nirgends sitzt man so schön wie hier, denn die Außenbestuhlung ist rund um einen wunderschönen alten Brunnen platziert, und so plätschert es erfrischend, während man den Sommerabend ausklingen lässt. Die Sitzplätze reichen kaum aus, deshalb gibt es Kissen zum Sitzen am Brunnenrand, und auch diese Plätze sind an schönen Tagen meist besetzt. Die lockere Atmosphäre und die schöne Lage unter den Alleebäumen haben einen ganz besonderen Reiz und locken viele Besucher an. Hier treffen sich Pärchen, Arbeitskollegen und Bewohner aller Altersgruppen. Jeden Sommer erfreut man sich von Neuem an dem wunderschönen Platz mitten in der Adolfsallee. Die Adolfsallee ist eine Prachtstraße, denn die um 1900 angelegte parkähnliche Wohnstraße hat einen großen Grünstreifen in der Mitte, auf dem riesige Platanen stehen, und die Wohnhäuser in Gründerzeit-Architektur geben der Straße ein besonderes Flair.

Sherry & Port, Adolfsallee 11, 65185 Wiesbaden, Tel. (06 11) 37 36 32
www.sherry-und-port.de

ÖPNV: Bus 6, 16, Haltestelle Adelheidstraße oder Buslinie 1, Geschwister-Stock-Platz nahe Hauptbahnhof.

Herzlich Willkommen

Treppenstufen mit Blick

57 *Schlossplatz vor dem Rathaus*

Mitten auf dem Markplatz steht das Rathaus, erbaut etwa Ende des 19. Jahrhunderts, und ergänzt sich gut mit der Marktkirche nebenan, in rotem Backstein erbaut. Direkt gegenüber steht das Stadtschloss, seit 1949 Sitz des hessischen Landtags. Diesem Gebäude gegenüber, sozusagen hinter dem historischen Marktbrunnen, befindet sich das älteste Gebäude in der Wiesbadener Innenstadt, nämlich das Alte Rathaus (1610 errichtet), das das Standesamt beherbergt. Diese historischen Gebäude rahmen den Schlossplatz zwischen Rathaus und Schloss ein, und hier hat man den besten Überblick. Der Schlossplatz, eigentlich der Marktplatz, lädt ein, das Treiben ringsum zu betrachten. Am besten man holt sich im Eiscafé um die Ecke ein paar Kugeln Eis und setzt sich dann auf eine der lang gezogenen Stufen vor dem Rathausgebäude. Das ist unterhaltsamer als jede Fernsehserie, und im Frühling und Sommer fängt man auf diesen Treppenstufen am Abend noch die letzten Sonnenstrahlen ein. Die Stufen sind ein beliebter Treffpunkt, um weiter in die Altstadt aufzubrechen. Natürlich gibt es auch Bänke, doch die beste Sicht hat man einfach von der Treppe. Die langen Stufen bieten genügend Platz, ohne dass jemand behindert würde. Wenn dann auf dem Dernschen Gelände um die Ecke noch der Wochenmarkt stattfindet, trifft sich hier Hinz & Kunz, um bei der Currywurst Manufaktur einen Snack zu holen oder eine der anderen vielen Leckereien.

TIPP Täglich um 12 Uhr erklingt das Glockenspiel der 49 Bronzeglocken der Marktkirche.

Andere Städte haben einen Marktplatz, Wiesbaden hat den Schlossplatz, um den sich alles dreht: Zur Weihnachtszeit gibt es den Sternschnuppenmarkt, Ende August die Rheingauer Weinwochen. Auch das Standesamt in der Stadtmitte ist begehrt, hier haben sich unter anderen die Familienministerin Kristina Schröder und ihr Mann das Ja-Wort gegeben, und so reihen sich vor allem in den Sommermonaten die Brautpaare mit Gratulanten rund um den historischen Marktbrunnen auf. Es macht einfach sehr viel Spaß, das Treiben auf dieser Schneise zu beobachten.

Rathaus Wiesbaden, Schlossplatz 6, 65183 Wiesbaden, Tel. (06 11) 3 10

ÖPNV: Bus 1, 8, 14, 17, 21, 23, 24, 47, Haltestelle Dernsches Gelände

Main fließt in Rhein

58 *Das Rheinufer in Mainz-Kastel*

Dem Namen nach zählt man den Vorort Mainz-Kastel eher zur Stadt Mainz, doch der Stadtteil liegt auf der Wiesbadener Rheinseite. Deshalb wurde er bei einer Gebietsreform zusammen mit dem Stadtteil Kostheim der Stadt Wiesbaden zugeteilt. Weil man auf dieser Seite des Rheins aber mindestens eine Stunde länger die Sonne anbeten kann und das schöne Ufer von Mainz sieht, trifft man hier auch ganz viele Mainzer. Die Gegend rund um den Kasteler Strand an der Theodor-Heuss-Brücke ist ein beliebtes Ausflugsziel. Am Strand direkt am Rheinufer und nebenan auf dem Rasen unter der großen Kastanie laden Liegestühle zum Verweilen ein, dazu tönt Lounge-Musik aus den Lautsprechern. Das hat ein bisschen etwas von Ibiza, und die vorbeifahrenden Schiffe unterstützen das maritime Flair. Hier kann man einen sonnigen Nachmittag genießen oder abends einen Sundowner. Wer Hunger hat, kehrt in das benachbarte Restaurant Bastion von Schönborn ein, denn am Strand gibt es nur Brezeln. Die Gegend bietet weitere Highlights, zum Beispiel die Reduit, eine ehemalige Kaserne aus dem Jahr 1830, heute das Heimatmuseum Castellum. Der historische Innenhof der Anlage dient hin und wieder als Veranstaltungsort für Konzerte oder Open-Air-Kino. Spaziert man weiter den Rhein flussaufwärts, kommt man zur Halbinsel Maaraue, hinter der der Main in den Rhein fließt. Ein Augenschmaus für Wasserliebhaber, denn hier strömt viel Flusswasser zusammen. Doch Vorsicht, der Rhein ist in dieser Region definitiv nicht zum Schwimmen geeignet, denn es gibt gefährliche Strömungen. Wer bei so viel Wasser Lust auf Schwimmen bekommt, kann sich im Freibad Maaraue auspowern, Wiesbadens größtem Freibad mit ausgedehnter Liegewiese und über dreitausend Quadratmetern Wasserfläche. Von der Liegewiese aus kann man auf den mit Mainwasser vermischten Rhein blicken und die Schiffe vorbeiziehen sehen.
Wem die etwa drei Kilometer Fußweg zu weit sind, kommt am besten mit dem Rad oder leiht sich eines an den vereinzelten Stationen, denn die flache Halbinsel eignet sich sehr gut für Radtouren.

TIPP Im Freibad Maaraue dürfen im September auch Hunde ins Becken hüpfen.

Kasteler Museumsufer, Rheinufer 12, 55252 Mainz-Kastel
ÖPNV: S8 oder S9, RB10 oder Bus 6, Haltestelle Brückenkopf/Kastel bzw. Bahnhof Mainz-Kastel

Klassik mal ganz anders

59 *Klassik Salon fortepiano*

Ein echter Geheimtipp für Freunde der klassischen Musik ist der „Klassik-Salon“ der Pianistin Susanne Duch. Diese Veranstaltungsreihe, die einmal im Monat stattfindet, steht unter dem Motto „Klassik ganz nah“, denn ähnlich wie in den Salons des 19. Jahrhunderts erleben die Zuschauer hier Klaviermusik nicht nur räumlich aus nächster Nähe, sondern werden von der Pianistin auf eine Zeitreise in die Welt des jeweiligen Komponisten mitgenommen. In einer lockeren und unterhaltsamen Art werden nicht nur die musikalischen Strukturen mit Beispielen am Flügel erklärt, sondern es wird auch auf die gesellschaftlichen Besonderheiten Bezug genommen: In welcher Zeit lebte der Komponist, welche Mode oder Kunstrichtung war aktuell – anhand von Bildern, Texten und Videos wird die Epoche lebendig gemacht. Der „Klassik-Salon“ ist also weit mehr als ein Klavierabend, denn durch das Rahmenprogramm und die Nähe zur Künstlerin erleben die Zuhörer die Musik am Steinway-Flügel wesentlich intensiver als im normalen Konzertsaal und auch für Klassik-Anfänger werden die Besonderheiten verständlich vermittelt. Bis zu drei Stunden dauert die Veranstaltung, und damit der intime Saloncharakter gewahrt bleibt, werden nie mehr als 35 Eintrittskarten verkauft. Man sitzt auch nicht in einer üblichen Konzertbestuhlung in Reih und Glied, sondern in bequemen Ledersesseln, die man verschieben und drehen darf, damit man es sich bequem machen kann. Dazu trinkt man vielleicht ein Glas Wein oder Sekt. In den Pausen werden Snacks angeboten. Zu jedem Abend wird ein ausführliches Begleitheft erstellt, das weitere Informationen zum Komponisten und seiner Zeit liefert. Jeder Klassik-Salon widmet sich einem bestimmten musikalischen Werk oder Thema. Mal ist es Mozart oder Beethoven, mal ein spanischer Komponist, und auch wer denkt, er kenne die Werke des Künstlers, wird immer wieder neu überrascht, denn es gibt stets etwas zu entdecken. Das Studio befindet sich in einem der historischen Gebäude im Europaviertel, inzwischen umringt von vielen Neubauten und schon von außen ein Kleinod.

Das fortepiano-Studio, Willy-Brandt-Allee 18, 65197 Wiesbaden, www.fortepiono.de

ÖPNV: Bus 18, 38, Haltestelle Europaviertel (ca. 100 Meter Fußweg) oder Buslinie 8+15, Haltestelle „Willy-Brandt-Allee“ (ca. 200 Meter Fußweg) Buslinie 5, Haltestelle „Paulinenklinik“ (ca. 300 Meter Fußweg)

60 *Secondhand mit Courage*

Wiesbaden hat schon seit Jahrzehnten eine hohe Millionärsdichte, und die Damen der Hautevolee lieben Designermode. Das spiegelt sich letztlich auch im Angebot der Secondhand-Boutiquen wider, denn Fehlkäufe gibt es immer, und die sollen andere Frauen glücklich machen. Eines der ältesten Secondhand-Geschäfte ist das „Courage“. Schon lange vor „Fair-Fashion“ erhielten Klamotten hier eine zweite Chance. Ebenfalls legendär und immer ein Hingucker sind seit jeher die Schaufensterdekorationen, denn alle zwei Wochen gestaltet die Wiesbadener Künstlerin Daniela Meiller das Schaufenster neu. Es sind eher Bühnenbilder, und schon dafür lohnt es sich, an dem Ladengeschäft vorbeizugehen. Die langjährige Geschäftsinhaberin hat inzwischen an die jungen Kolleginnen übergeben, außerdem ist der Laden von der Fußgängerzone in die Neugasse hinter dem Karstadt-Gebäude umgezogen. Doch die Stammkundschaft ist mitgegangen, denn es ist einfach toll, wenn sich auch Normalverdiener ein Hermes Seidentuch oder andere Marken leisten können. High Fashion macht umso mehr Spaß, wenn es kein Jahresgehalt kostet. Egal ob Jil Sander oder Jimmi Choo – jede internationale Modemarke war schon einmal im Laden präsent. Ein Strickmantel von Missoni hängt hier ganz lässig neben der Handtasche von Yves Saint Laurent, und die Teile sind immer erschwinglich. Natürlich kann man auch eigene Fehlkäufe vorbeibringen, wenn sie von guter Qualität sind, denn man ist sehr kritisch beim Ankauf der Ware, und nur die besten Stücke gelangen in den Laden. Es lohnt sich, immer mal wieder zu stöbern, allein die Vorstellung, sich mit so etwas Schickem zu kleiden, vermittelt ein Glücksgefühl und siehe da – manchmal wartet ein Stück darauf, bis man sich entschieden hat. Doch manchmal auch nicht, und das begehrte Teil ist schon innerhalb weniger Stunden weg. Na ja, ein bisschen flexibel muss man bei Secondhand eben sein.

Courage GmbH, Second Hand Boutique, Neugasse 2, 65183 Wiesbaden, Tel. (06 11) 37 84 82
www.secondhand-courage.de

ÖPNV: Bus 14, X26, Haltestelle Kirchgasse

Courage
Second-Hand

Dufte Café-Dichte

61 *Die Nerostraße*

„Mich erinnert das hier an Italien, denn man kann sogar auf der Straße spazieren", sagte einmal ein Redakteur des Wiesbadener Stadtmagazins VivArt über seine Lieblingsstraße. Und er hat recht, die Geschäftigkeit der hessischen Landeshauptstadt ist hier komplett ausgebremst, es lässt sich flanieren und durchatmen. Die Nerostraße lädt ein zum „dolce far niente", und während man sich treiben lässt, entdeckt man vielleicht einen neuen Lieblingskuchen in einem der Cafés oder ein neues Lieblingskleid. Diese kleine Straße ist so ganz anders als zum Beispiel die parallel verlaufende Taunusstraße. Ehemals als Straße der „kleinen Leute" angelegt, entwickelte sie sich in den Neunzigern zum Bermudadreieck (ich meine das in Wien, nicht das im Atlantik), und heute ist die Nerostraße ein angesagtes Viertel. Im Café Dale's zum Beispiel trifft man Kreative aus den umliegenden Agenturen und Galerien bei der Mittagspause – die Kuchen sind so gut, dass man für diesen Genuss auch von weiter anreist. Vor den vielen kleinen Läden findet sich immer eine Gelegenheit zum Plaudern, ganz besonders gerne auf der Bank vor dem Frisör Goldrausch, einem unkonventionellen Frisörgeschäft. Die Straße bietet eine bunte Mischung, egal ob Mode, Trödel, Outdoor Equipment oder Tattoos, und die Gastronomie sowieso – das macht sie so spannend. Die kleine Gasse hat es also in sich, und wer nach dieser Informationsflut eine Pause braucht, hat die Qual der Wahl, welche kulinarischen Genüsse nun reizvoller sind. Vom afghanischen Restaurant über die Pizzeria, einem hessischen Wirtshaus oder eines der vielen kleinen Cafés ist alles vorhanden. Als IN-Location für kulturelle Veranstaltungen etabliert sich gerade das Walhalla „im Exil", das neuerdings im ehemaligen Lokal „Wirtshaus" seine Zelte aufgeschlagen hat, weil das Stammhaus renoviert wird. Es gibt also einiges zu entdecken beim Schlendern durch die Gasse, und wer zwischendurch Entspannung sucht, dem sei eine Herzmassage bei Corinna Schneider empfohlen, ihr kleines Studio ist eine feste Adresse in Wiesbaden und allseits sehr beliebt. Wenn das kein Glücksort ist!

TIPP

Das kostenlose Wiesbadener Stadtmagazin VivArt bietet Inspiration in Sachen Genuss.

ÖPNV: Bus 1, Haltestelle Jawlenskystraße, dann 2 Minuten Fußweg zur Nerostraße

THE FRIDAY
cupping room
Antikitá
ALLEGRINI
chichino

Entdecke das grüne Zimmer

62 *Tausendschön-Friseure*

Das Frisörgeschäft Tausendschön im zweiten Stock über der Touristeninformation ist eine Institution, es existiert schon seit über 20 Jahren. Das obere Stockwerk hat den Vorteil, dass man sich weit weg fühlt und sich ganz entspannen kann. Im Gegensatz zu den Frisörgeschäften mit Schaufensterfront, ist man hier vor neugierigen Blicken geschützt und kommt erst wieder auf die Straße, wenn der Style optimiert ist und die Haare durch umsichtige Pflege einen schönen Glanz erhalten haben. Vielleicht ist das auch ein Grund dafür, warum Bräute sich hier gerne die Brautfrisur und das Make-up machen lassen. Für Frauen gibt es einen extra Raum zum Umziehen, und das Styling ist sensationell. Die schönen, großzügigen Räumlichkeiten lassen einen rundum wohlfühlen, und aus den raumhohen Altbaufenstern kann man das rege Treiben auf dem Marktplatz beobachten. Jeder Raum wurde von der Inhaberin mit gutem Gespür für Design gestaltet, so ist jeder anders und ein Erlebnis für sich. Im Färbezimmer sitzen alle Farbkunden an einem großen Tisch, man freut sich auf die neue Haarfarbe, während man sich unterhält oder in einer der vielen Zeitschriften blättert. Im Wartebereich werden einem neben Tee- oder Kaffeespezialitäten auch Bier oder Sekt angeboten, und manchmal steht selbst gebackener Kuchen bereit. An den speziellen Farbsonntagen gibt es sogar ein Frühstücksbüffet und hin und wieder auch Events, wo ein DJ gute Musik auflegt. Die Haare werden im Liegen gewaschen. Der Waschraum erinnert an eine Lagune, sodass man fast darauf wartet, von einem Frosch geküsst zu werden. Während die Haarmaske einwirken darf, hört man sphärischen Klängen zu, und die Diskokugel wirft bunte Lichtreflexe an die Wand.
Tausendschön-Friseure sind in Wiesbaden ein Synonym für gute Haarschnitte und Farbe, und das Konzept von Katharina Reitz ist so erfolgreich, dass es mittlerweile auch in Mainz eine Filiale gibt.

Tausendschön Wiesbaden: Karl-Glässing-Straße 5, 65183 Wiesbaden, Tel. (06 11) 3 41 35 53
www.tausendschoen.de
ÖPNV: Bus 1 ,8, 14, 17, 21, 23, 24, 47, Haltestelle Dernsches Gelände

Schon Goethe saß hier

63 *Goethestein in Frauenstein*

Johann Wolfgang von Goethe wusste, wo es schön ist. Kein Wunder also, dass er auch in Wiesbaden aus und ein ging und Ausflüge in den Umkreis unternahm. Ein beliebtes Ziel war Frauenstein, ein Vorort in Richtung Rheingau, und dort, etwa 230 Meter über dem Meeresspiegel, genießt man einen wunderbaren Ausblick über die Rheingauer Weinberge, weit über den Rhein bis auf die Mainzer Rheinseite und nach Rheinhessen. Auch heute noch ist die Anhöhe ein beliebtes Ausflugsziel. Die Rebenlandschaft rundherum erinnert an die Toskana, das urbane Leben, Industrieanlagen und die Autobahn sind weit weg. Ein prima Ort, um einfach mal tief durchzuatmen. Genau an dieser beliebten Aussichtsstelle wurde 1932, zum Gedenken an den Aufenthalt Goethes, eine Steinskulptur errichtet. Das steinerne Denkmal erinnert an einen Obelisken und ist ein auf der Grundfläche eines gleichseitigen Dreiecks aus Quadern errichteter sogenannter Tetraeder. Goethes Lebensmotto steht auf einer Tafel: „Diese Begierde, die Pyramide meines Daseins, deren Basis mir aufgegeben und gegründet ist, so hoch als möglich in die Luft zu spitzen, überwiegt alles andere." Was auch immer er damit sagen wollte – es ist ein schöner Ort, und mehrere Sitzbänke an der Sonnenseite laden zum Verweilen ein. Gerade nach einem langen Winter ist dieser Hang ein Sehnsuchtsort für Sonnenhungrige. Manche bringen Picknick mit und eine Flasche Wein und genießen die Natur. Über Wanderwege, zum Beispiel den Rheinsteig, ist der Goethestein von Frauenstein und Wiesbaden aus gut zu erreichen. Ein Stück weiter oben wurde auch ein hölzerner Aussichtsturm gebaut, sodass man über die Baumwipfel hinweg rundum einen großartigen Ausblick hat. Es lohnt sich, ein Fernglas mitzubringen. Im nahe gelegenen Gasthaus Nürnberger Hof soll Goethe nach seinen Spaziergängen eingekehrt sein und gerne den Rheingauer Wein genossen haben. In Frauenstein ist Genuss großgeschrieben und schon deshalb ist es auf jeden Fall ein Glücksort.

TIPP Im Ortskern steht die 800-jährige Blutlinde, einer der ältesten Bäume in Hessen.

- **Goethestein, 65201 Wiesbaden-Frauenstein**
- **ÖPNV: Bus 24, 47, Haltestelle Goethestein**

6. JULI 1815

Schlemmen im Schiffchen

64 *Die Altstadt hinter dem Landtagsgebäude*

Die Vielfalt an Gastronomie ist wohl kaum zu toppen, denn hinter dem Landtagsgebäude, im sogenannten „Schiffchen", findet man immer irgendwo einen freien Tisch, denn davon gibt es viele. Im Sommer vermischt sich die Außenbestuhlung der vielen Kneipen und Restaurants, dass wohl nur noch die Wirtin den Überblick behält. Die Gassen sind beliebt, sei es zum Mittagstisch oder abends zum Wein, und dazwischen findet man immer wieder auch Einzelhandelsgeschäfte, sodass ein Bummel viel Spaß macht. Selbst nach vielen Jahren kann kaum einer am Gewürz-Müller vorbeigehen, ohne ein paar feine Dinge einzukaufen und wenn es nur eine Süßigkeit für die nächste Kaffeepause ist. Es ist ein sehr abwechslungsreiches Viertel, und auch hinsichtlich der kulinarischen Vielfalt wird jeder Wunsch erfüllt – Cappuccino im Café Petit oder ein Glas Pinot Grigio nebenan bei Vincente – beide sind wohl mit die kleinsten gastronomischen Einrichtungen der Stadt und dabei einfach großartig. Zu essen gibt es im Viertel von B wie Burger bis Z wie Zaziki einfach alles und in bester Qualität. Der Altstadtbezirk rund um den Bäckerbrunnen und die Goldgasse werden von den Einheimischen liebevoll „das Schiffchen" genannt, und kaum einer weiß, weshalb, denn ein Schiff ist hier wohl noch nie vorbeigekommen. Doch eigentlich ist es ganz einfach, denn der Name rührt daher, dass die Straßen der Altstadt im Stadtplan die Form eines Schiffs haben. Für viele ist es einfach die Altstadt, und man kann von Glück sagen, dass die alten Häuser Ende der Sechzigerjahre nicht plattgemacht wurden. Damals waren fast alle Häuser in einem katastrophalen Zustand, die Wagemannstraße ein Rotlichtviertel. „Das neue Wiesbaden" sollte eine autogerechte Stadt werden, und keiner mochte in diesen schiefen Fachwerkhäusern mit niedrigen Decken wohnen oder arbeiten. Zum Glück kam dann doch alles anders, und heute ist man froh, dass die Gassen ihren alten Charme bewahrt und die wenigen Neubauten sich behutsam an die historische Bebauung angepasst haben.

TIPP Der Bäckerbrunnen, der Brunnen in dem historischen Häuschen, ist eine von Wiesbadens heißen Quellen.

Das „Schiffchen", Altstadt hinter dem Hessischen Landtag, 65183 Wiesbaden
ÖPNV: Bus 1, 8, 17, 18, 22, Haltestelle Dernsches Gelände und fünf Minuten Fußweg

CARAMELS
Femina
KUB
KUB
PREMIATO PANIFICIO
Giulio Bulloni
PANE CARASATU
VIA MINERVA 8 - BITTI/NU
PREMIATO PANIFICIO
GIULIO BULLONI

Gehäkelt oder geschmiedet

65 *Goldschmiede-Atelier Hermsen*

Das Goldschmiede-Atelier Hermsen ist ein Unikat. Schon allein die Schaufensterdekoration ist jedes Mal ein Hingucker. Das neue Ladengeschäft der Goldschmiede in der Taunusstraße ist großzügig, und die Glaskuben im Inneren zeigen besondere Schmuckstücke abseits vom Mainstream, die mal gehäkelt, geschmiedet oder emailliert oder gebrannt sind. Auf der Internetseite spricht man dementsprechend von „charakterstarken Unikaten". Übrigens für Männer und für Frauen. An der Werkbank von Barbara und Werner Hermsen entstehen außergewöhnliche Schmuckstücke aus unterschiedlichen Edelmetallen unbedenklicher Herkunft, das können auch mal alte Münzen sein. Regelmäßig präsentieren sie interessante Kollektionen von befreundeten Schmuckdesignern aus ganz Europa: Ringe aus Kunstharz, Federn für die Ohren oder Kombinationen aus Holz, Kunststoff und anderen Materialien. Alles, nur nicht langweilig. Das Paar verbindet eine große Leidenschaft für spannende Materialien und gute Formensprache. Dabei macht es ihnen Freude, diese Leidenschaft zu teilen, und die Ausstellungseröffnungen sind immer ein kleines Happening mit Musik und Wein. An manchen Donnerstagen finden neuerdings auch Events unter dem Namen „Blaue Stunde" statt. Dann ist bis abends 21 Uhr geöffnet, manchmal in Zusammenarbeit mit einer der Galerien oder Läden in der Nachbarschaft, und die Kundschaft kann in aller Ruhe Schmuck bestaunen und probieren und vielleicht ein Glas Wein dazu trinken. Auch Auftragsarbeiten werden durchgeführt, ebenso Restaurierungen, und wer einen alten Ring zu einem spannenden Schmuckstück verarbeiten möchte, erhält hier die passenden Vorschläge. Die mitten im Ladengeschäft stehenden alten Wirtshaustische bieten genügend Platz für eine ausführliche Anprobe und Schmuckberatung. Hermsen-Schmuck ist außergewöhnlich, und die Handwerkskunst genießt auch bei Sammlern einen exzellenten Ruf. Einfach mal vorbeischauen, denn das Ladengeschäft erinnert eher an eine Kunstgalerie als an ein Schmuckgeschäft.

Taunusstraße 55, 65183 Wiesbaden, Tel. (06 11) 30 67 67
www.hermsen-wiesbaden.de
ÖPNV: Bus 1, Haltestelle Röderstraße

Endstation Wiesbaden

66 *Unterführung am Hauptbahnhof Wiesbaden*

Dieser Zug endet hier! Der Wiesbadener Hauptbahnhof ist ein Sackbahnhof, und so endet hier vielfach die Reise. Doch das ist nicht schlimm, denn das Gebäude ist ein neobarockes Prachtstück aus rotem Sandstein mit einem 40 Meter hohen Uhrturm und grünem Kupferdach. Zum ersten Ankommen eignet sich das große Café, oder man geht für mehr Shopping ins Einkaufszentrum nebenan an der Westseite des Bahnhofgebäudes. Der große Vorplatz bietet Platz für Kunst – die herumliegenden Koffer hat keiner vergessen, sondern das ist eine Kunstinstallation. Ein ganz besonderes Highlight liegt jedoch unter der Erde. Man sollte die Straße also besser nicht über die Ampel passieren, sondern in den Untergrund steigen. Die Unterführung, die den Bahnhofsvorplatz mit den sogenannten „Reislinger Anlagen" verbindet, lässt einen abtauchen, und das Wort Abtauchen wird nahezu greifbar. Man durchschreitet gefühlt eine blaue Lagune. Die Farbe Blau ist nachweislich abkühlend – im Gegensatz zu Rot. Genau das spürt man beim Durchgehen, Hunderte von Pendlern genießen jeden Morgen und Abend das Gefühl von Abkühlung und Entspannung, wenn sie durch den in Blau getauchten Untergrund gehen. Großartig ist es vor allem dann, wenn ein Straßenkünstler dazu ein passendes Lied spielt. Da wird sogar der Alltag zum Tanz. Für noch mehr Entspannung sorgt anschließend eine große Freifläche, die Reisinger Anlagen, um Pause oder vielleicht ein bisschen Gymnastik zu machen. Genau, denn seit die Truppe Greenletics hier regelmäßig Outdoor-Gym anbietet, werden schon mal Liegestütze oder andere Übungen praktiziert, und die zwielichtigen Gestalten trauen sich ob der athletischen Besucher nicht mehr her. Eine weitere Grünanlage befindet sich entlang der Bahngleise, der sogenannte „Kulturpark". Jugendliche spielen Badminton oder trainieren an den eigens installierten Trainingsgeräten, und für die Zuschauer gibt es genügend Bänke. Vielleicht warten sie auch auf den Beginn einer der vielen Veranstaltungen, die weiter hinten im Kulturzentrum Schlachthof – einem weiteren Glücksort – auf dem Programm stehen.

Wiesbadener Hauptbahnhof, 65183 Wiesbaden
ÖPNV: Bus 1, 4, 6, 8, 27, 37, 14, 33, 47, Haltestelle Hauptbahnhof

Kultur im Vorort

67 *Kulturclub Biebrich*

Ob Gitarrenmusik, Tanz in den Mai mit Livemusik, Lyrik oder eine Weinprobe – das alles und noch viel mehr wird in dem kleinen, feinen Club im Vorort Biebrich gegenüber der Kirche geboten. Dabei ist der Veranstaltungsort eigentlich ein Frisörgeschäft. Das fällt dem Gast jedoch gar nicht auf, denn die Inneneinrichtung ist clever gemacht, für die kulturellen Veranstaltungen werden die Friseurtische und großen Spiegel einfach zur Seite geschoben. Die Macher kommen aus unterschiedlichen Branchen, und ebenso unterschiedliche Veranstaltungen werden angeboten. Man spürt bei jedem einzelnen Programmpunkt, dass sie es einfach lieben, Kleinkunst auf die Bühne zu bringen und mit viel ehrenamtlichem Engagement ein Programm zu erstellen, das sich sehen lassen kann. Unter dem Motto „Kultur schafft Lebensqualität!" sind sie seit mehr als 13 Jahren in Sachen Kultur am Start und in der Wiesbadener Kulturlandschaft nicht mehr wegzudenken. Jährlich fester Termin sind die Tanzveranstaltungen in der Hexennacht zum 1. Mai, viele Ü40 trifft man hier beim Tanz zu alten und neuen Klassikern. Im Sommer finden die Veranstaltungen im lauschigen Hinterhof statt, denn die Hofreite ist groß genug für eine kleine Konzertbühne mit Bestuhlung. Apropos Hofreite, der Kulturclub ist ursprünglich aus dem Biebricher Höfefest hervorgegangen. Dieses findet regelmäßig im Juni statt. Gewerbetreibende und kulturelle Einrichtungen öffnen ihre Hinterhöfe für Konzerte, Flohmarkt und sonstige Aktivitäten für Kinder und Erwachsene. Jedes Jahr ist das ein tolles Erlebnis und immer wieder beglückend. 2005 entstand dann die Idee, eine feste Kultureinrichtung zu schaffen und mehrmals im Monat ein Event zu veranstalten. Im Kulturclub ist die Idee perfekt umgesetzt, und inzwischen treten nicht nur lokale Bands auf, sondern auch überregionale. Für viele unvergesslich ist das wunderbare Konzert von Singer-Songwriter Christina Lux in einer warmen Sommernacht. Dass Wiesbaden vielschichtig ist, spürt man an diesem Glücksort ganz besonders.

TIPP Die Eintrittskarten gelten am entsprechenden Veranstaltungsabend auch für Bus & Bahn (VMW-Kombiticket).

Kulturclub Biebrich, Armenruhstraße 23, 65203 Wiesbaden, Tel. (06 11) 69 22 91
www.kulturclub-biebrich.de

ÖPNV: Bus 4, 14, Haltestelle Armenruhstraße sowie Bus 3, Haltestelle Rathenauplatz

Do 9.5., 19.30 &
Sa 11.5., 18.00 Uhr
BAKING
DEGUSTATION
FORELLEN
HEISS
RÄUCHERN
Höfe
kulturclub
biebrich

Krimi-Festival

68 *Deutsches FernsehKrimi-Festival im Caligari*

Ob es daran liegt, dass das Bundeskriminalamt seinen Sitz in Wiesbaden hat, denn einmal im Jahr findet das Deutsche FernsehKrimi-Festival statt. Auch ein Grund mag sein, dass es ja einen Tatort gibt, der in Wiesbaden spielt. Das Festival ist offen für jedermann, der ein Faible für Krimis hat. Während dieser einen Woche im März hat man die Chance, den einen oder anderen prominenten Krimi-Schauspieler zu treffen, außerdem finden Lesungen statt und natürlich auch Vorführungen von neu gedrehten Tatort-Folgen. Ebenso werden Retrospektiven gezeigt, und als Filmenthusiast hat man die Möglichkeit, ganz tief einzutauchen in die Welt des deutschen Kriminalfilms, ganz speziell in die Welt von Tatort und Polizeiruf 110. Apropos Tatort, Ulrike Folkerts feierte ihr 30-jähriges Dienstjubiläum beim „Tatort" und bekam anlässlich dessen im März 2019 den ersten Ehrenpreis des Deutschen FernsehKrimi-Festivals in Wiesbaden verliehen. Wer kennt sie nicht, die sportliche Kommissarin mit den dunkelbraunen Locken? Ort der feierlichen Preisverleihung war das Programmkino Caligari, das laut Regisseur Volker Schlöndorff, übrigens ursprünglich auch aus Wiesbaden, „ein Juwel unter den Lichtspielhäusern" ist. Klar, dass dieses Kino unter Denkmalschutz steht. Es wurde 1926 als Stummfilmtheater im neogotischen Stil erbaut und 1955 komplett umgestaltet. Aus dieser Zeit stammt die bis heute erhaltene einmalige und denkmalgeschützte Innenarchitektur. Der heutige Name des Kinos stammt auch aus einem Film, nämlich dem expressionistischen Stummfilm „Das Cabinet des Dr. Caligari". Das Kino hat auch außerhalb des Festivals einiges zu bieten, sodass ein Besuch immer ein Erlebnis ist. Der Schwerpunkt liegt auf internationalen Arthouse Produktionen. Weitere dort stattfindende Filmfestivals sind die Kurzfilmtage und goEast – die Tage des mittel- und osteuropäischen Films. Auch Lesungen und Stummfilm-Vorführungen mit Klavierbegleitung stehen auf dem Programm. Insbesondere für die Programmgestaltung wurde das Kino schon mehrfach ausgezeichnet.

Caligari Filmbühne, Marktplatz 9, 65183 Wiesbaden, Tel. (06 11) 31 50 50
www.wiesbaden.de/caligari
ÖPNV: Bus 4, 14, 27 und 45, Haltestelle Dernsches Gelände

HESSENFILM
UND MEDIEN
DEUTSCHES
FERNSEHKRIMI
FESTIVAL

Verführung pur

69 *Patisserie L'Art Sucré*

Die Petit Fours und Macarons von Pâtissier Florian Köller sind so exquisit, man könnte meinen, er macht sein ganzes Leben schon nichts anderes. Dabei ist er ein Quereinsteiger und arbeitete früher in einer Bank. Die vielen glücklichen Kunden sind Florian und Sandra Köller sehr dankbar, dass die beiden vor einigen Jahren das Unternehmen L'Art Sucré gestartet haben, denn die Welt und vor allem Wiesbaden ist um viele süße Kreationen reicher geworden, man will niemals mehr ohne sein. Angefangen hat es mit einem kleinen Laden am Römertor, inzwischen ist L'Art Sucré in ein großes Ladenlokal am Markplatz umgezogen, insgesamt gibt es im Rhein-Main-Gebiet drei Läden. Die Qualität aber ist gleich geblieben, in jeder Saison kommen neue Kreationen hinzu. Mehr als zehn verschiedene Macarons werden angeboten, und sie schmecken so gut, dass man danach nie wieder etwas anderes essen möchte. Trotzdem hat jeder eine Lieblingssorte, vielleicht weil auf dem einen Blattgold klebt oder die Farbe hübscher ist. Ebenso lecker sind die feinen Törtchen, die man gut auch mal teilen kann, denn solch eine Geschmacksexplosion ist zu zweit viel schöner. Klein, aber oho sind die Petit Fours und schön, dass man davon mehrere essen kann, denn sie sind so leicht und verführerisch gut, obwohl es jedes Mal schmerzt, diese wunderschönen Kunstwerke mit dem Löffelchen zu zerstören. Keine Zusätze oder Fertigmischungen kommen zum Einsatz, der Himbeergeschmack stammt von echten Himbeeren, und ohnehin verwendet man nur die besten Zutaten: französische Sahne und feinste Butter, Mandeln aus Spanien und Zitronen aus Sizilien und Gutes von lokalen Lieferanten. Die Kreationen sind allesamt selbst entworfen und zubereitet in einem kleinen Pâtisserie-Atelier. Bei diesen genussvollen Kreationen fragt man sich, wo bleibt der Michelin-Stern? Egal, Hauptsache, es macht glücklich. In dem großen Café am Marktplatz gibt es genügend Tische, um ein original französisches Frühstück zu genießen oder draußen unter der Markise, bei einem Café au Lait dem Müßiggang zu frönen.

L'Art Sucré GmbH, Marktstraße 9, 65183 Wiesbaden, Tel. (06 11) 1 35 72 33
www.lartsucre.com
ÖPNV: Bus 1, 8, 17, 21, 23, 24, Haltestelle Dernsches Gelände

Choco-Shot 5.90
Matcha Latte 4.90
Espresso
Cafe
Cappuccino
Cafe au Lait
(Extra Shot)
Tee von "MF"
Trinkschokolade
Wasser
Tarte au Citron

Frauen im Herrenzimmer

70 *Das Maßatelier von Heiko Jourdan*

Was als Maßatelier für Herrenmode begann, ist inzwischen auch ein beliebter Veranstaltungsort. Heiko Jourdan stellte bei seinen Beratungsgesprächen nämlich fest, dass die Kundschaft ganz ähnliche Interessen hat wie er selbst. Immer wieder kam man auf Themen wie Whisky, Zigarren, Wein oder auch Knigge zu sprechen. Weil solche spannenden Themen für alle, nämlich auch für Frauen, interessant sind, wurde Heiko Jourdan zum Veranstalter. In regelmäßigen Abständen lädt er nun im sogenannten Herrenzimmer des Ladengeschäfts zu kleinen, feinen Events und pflegt damit eine echte Salonkultur. Mal feilt zum Beispiel der Knigge-Trainer an den Umgangsformen, oder ein Künstler präsentiert seine Werke. Mal zupft jemand an einer Harfe, oder Classic Rock tönt aus den besten Lautsprechern, und ein Fachmann erklärt einem High Fidelity. Den Obolus für den Eintritt wirft jeder nach seinem Ermessen in den Hut, der herumgereicht wird, so behält jede Veranstaltung etwas Unkompliziertes und Lebendiges. Das Konzept, das nun schon seit über zehn Jahren die Kulturszene von Wiesbaden bereichert, geht auf, und die Gästezahl wird immer größer, und manchmal steht man auch vor dem Ladengeschäft und philosophiert bei einem Glas Wein. Heiko Jourdan hat sich mit seinem Laden einen Traum verwirklicht und lässt seine Gäste daran teilhaben. Seine hauptsächliche Mission ist es weiterhin, Männern die Freude an guter Kleidung zu vermitteln und ihnen das Einkaufen zu einem angenehmen Erlebnis zu machen. Er will die Herren wieder für sich selbst, ihren Ausdruck und ihre Außenwirkung begeistern und bucht auf Wunsch auch einen Stilberater dazu. Das gibt es bei Bedarf sogar für zu Hause, denn er bietet Home Service an. Dennoch ist der Besuch in seinem schönen Ladengeschäft mitten in der Altstadt sehr zu empfehlen, und während der Anprobe kann die Begleitung einen feinen Espresso an der Bar trinken oder durch die kleinen Gassen parallel zur Fußgängerzone schlendern, denn dort sind noch viele weitere Boutiquen und Einzelhändler zu entdecken.

Jourdan. Maßatelier für Herren, Heiko Jourdan Wagemannstraße 13, 65183 Wiesbaden Tel. (06 11) 44 76 01 21, www.jourdan-wiesbaden.de, Montag geschlossen

ÖPNV: Bus 1, 8, 17, 18, 21, 22, 23, Haltestelle Dernsches Gelände und fünf Minuten Fußweg

Das Dreifrauenzimmer

71 *Das Dreifrauenzimmer im Café Perfect Day*

Mitten in der Fußgängerzone möchte man manchmal einfach die Füße hochlegen und sich entspannt zurücklehnen. Vielleicht hat man einige Tüten zu schleppen oder ein anstrengendes Meeting absolviert, und dann wäre es schön, sich einfach auf eine Couch fallen lassen zu können. Ganz ohne Konsumzwang – das geht im Dreifrauenzimmer, im ersten Stock des Perfect Day Café. Der wohnzimmerartige Raum dient der Entschleunigung, und man kann kurz dem Alltag entfliehen. Wer mag, kann etwas bestellen, muss es aber nicht. Doch der angebotene Kaffee ist exzellent, denn die verwendete Kaffeesorte nennt sich Kerala Shakti und ist eine Spitzenqualität aus den Bergregenwäldern Südindiens. Die Bohnen dieser besonderen Sorte kommen von einer Waldfarm mit Namen „Poomalai", was so viel bedeutet wie „Blumenland", und dieser Kaffee wird ganzheitlich und ohne Einsatz von chemischen Mitteln angebaut. Nun bleibt noch die Frage, ob das Dreifrauenzimmer auch für Männer da ist? Ja, auch Männer sind herzlich willkommen. Der lustige Name hatte sich während der Projektphase ergeben, denn es waren drei Frauen, die das Einrichtungskonzept erstellt haben, und irgendwie ist der Name geblieben. „Das sieht hier ja aus wie zu Hause", möchte man ausrufen, denn das sogenannte Frauenzimmer ist einem Wohnzimmer nachempfunden. Mehrere Sofas laden zum Sich-gemütlich-Machen ein, dazu eine Sitzecke mit Sitzkissen und ein Bücherregal zum Stöbern. Dekoriert mit Pflanzen und kleinen Lampen, die Wohlbefinden schaffen. Das schnelle WLAN ist inklusive, und auf der Karte stehen neben feinen Getränken auch frische Sandwiches, köstliche Smoothies oder Frozen Yoghurt. Zeit kennt man hier nicht – die einzige Uhr im Raum steht auf dem Kopf und funktioniert nicht mehr. Bevor das Café am Abend schließt, wird man vorher freundlich auf die Uhrzeit hingewiesen. Wem der Kaffee gut geschmeckt hat, kann diesen inzwischen auch am Frankfurter Flughafen in einer Filiale des „Perfect Day" erhalten. Das Konzept kommt an!

Perfect Day Café, Kirchgasse 29, 68185 Wiesbaden, Tel. (06 11) 30 30 33
www.myperfectday.de
ÖPNV: Bus 17, 18, 21, 22, 23, 24, Haltestelle Luisenplatz

72 *Mymooves Yoga & Pilates Studio*

Bekannt wurde das kleine Studio vor allem durch die Trampolinkurse, seit die Lokalzeitung und das ZDF von der gesundheitsfördernden Wirkung des Trampolinspringens berichteten. Diese dauern eine halbe Stunde und sind auch für die Gewichtsabnahme sehr effektiv, doch vor allem ist es das Hüpfen, das Spaß macht. Der kurze Flugmoment, bis man wieder im Trampolinnetz landet, verschafft enorme Glücksgefühle, und wenn dazu noch gute Musik aus den Lautsprecherboxen tönt, hat man gleich ein Lächeln auf den Lippen. Kaum zu glauben, dass so viel Spaß auch noch gesund ist. Aber ja, Fachleute empfehlen das Training, denn die Muskulatur wird durch den sanften Schwerkraftwechsel permanent an- und entspannt, sodass sich eine verkrampfte Muskulatur lösen kann. Dazu werden im Studio Yoga- und Pilates-Kurse angeboten, und so ist für jeden ein passender Kurs dabei. Montagmorgens trifft man eher die Älteren, die „Golden Sixties", und beim Kurs „Kerlates" kommen die Kerle ins Schwitzen. In den Abendkursen mit Yoga und Pilates sind es vor allem Frauen, die mitten im Leben stehen und den ganz normalen Alltagswahnsinn hinter sich lassen möchten. Die Work-Life-Balance kommt durch die Übungen wieder ins Gleichgewicht, und dabei halten die Teilnehmer schonend die Gelenke beweglich. Die meisten Teilnehmer sind Frauen, und mit der Zeit bilden sich Freundschaften, und manchmal geht auch ein Kurs geschlossen ins Café nebenan, um sich auszutauschen. Pausiert mal ein Teilnehmer, wird er oder sie gleich vermisst, und man erkundigt sich nach ihr oder ihm. Der Zusammenhalt ist ein schöner Aspekt im Gegensatz zu den großen, eher unpersönlichen Fitnessstudios. Das sind dann die besonderen kleinen Glücksmomente – zusätzlich zu dem schönen Körpergefühl, das man von dem Training erhält. Im Mymooves kennt man sich, wird zusammen alt und hält sich dabei jung. Das älteste Mitglied ist Mitte siebzig und das jüngste noch nicht mal dreißig – doch im Trainingsoutfit sind alle gleich.

TIPP

Das Café Living Bakery an der Ecke Alwinenstraße ist ein schöner Treffpunkt.

Mymooves, Bierstadter Straße 27, 65189 Wiesbaden, Tel. (0 15 12) 5 29 42 24
www.mymooves.de
ÖPNV: Bus 17, 18, 21, 22, 23, 24, Haltestelle Alwinenstraße

Wein ohne Grenzen

73 *Die Rheingauer Weinwochen*

Jeden Sommer in der zweiten Augusthälfte, und zwar seit über 40 Jahren, geht's rund auf dem Schlossplatz und dem Dernschen Gelände. Dann kommen die Rheingauer Winzer nach Wiesbaden und schenken ihre Weine aus. Ganze zwei Wochen wird während der „Rheingauer Weinwochen" ab 12 Uhr mittags von den rund hundert Winzern Wein angeboten, und es wird unermüdlich probiert, gefachsimpelt und hin und wieder auch eine Kleinigkeit gegessen, dazu spielen auf verschiedenen Bühnen Bands. Im Volksmund gilt das Fest auch als längste Weintheke der Welt, denn es wirkt wie eine große Weinstube unter freiem Himmel. Wein für alle Geschmäcker wird ausgeschenkt: Ob weiß, rosé oder rot; trocken, feinherb oder edelsüß; Riesling oder Spätburgunder – für den Weinexperten ebenso wie für den Einstiegssommelier – für jeden gibt es das Passende. Auch feinperlige Schaumweine werden kredenzt, denn Wiesbaden ist Sektstadt, und zudem liegt es inmitten des Weinanbaugebiets „Rheingau", das sich ab Flörsheim am Main bis nach Lorch am Rhein ausdehnt. Die Riesling-Fans aus der ganzen Welt kennen die Region. So ist das Weinfest auch international ein Traumziel, denn man kann sich durch über 1000 Weine probieren, neue Weine verkosten und Winzer kennenlernen. Die Einheimischen feiern mit, und auch der Bürgermeister kommt mit seiner Belegschaft aus dem Rathaus zum Fest. Wer keinen Wein trinkt, bestellt sich Traubensaftschorle oder bedient sich an der Wasserstelle der örtlichen Wasserversorgung. Die nämlich kredenzt das gute Wiesbadener Trinkwasser aus den verschiedenen Stollen, und wer sich bisher über Wasser-Sommelier amüsiert hat, wird hier feststellen, wie unterschiedlich Wasser schmecken kann. Am besten reist man mit dem „Weinfest-Ticket" an, ein Busticket für die Hin- und Rückfahrt inklusive einem Glas Wein. Die Buslinien fahren zu dieser Zeit Sonderschichten, um die vielleicht beschwipsten Gäste spätabends gut nach Hause zu bringen.

Rheingauer Weinwochen, Schlossplatz Wiesbaden
www.wiesbaden.de/weinwoche
ÖPNV: Bus 1, 8, 17, 14, 21, 22, 23, 24, 47, Haltestelle Dernsches Gelände

Bretonisch im Viertel

74 *Das Restaurant Les Deux Dienstbach*

Bonjour – bei Frankreich denke ich an französische Chansons und die Leichtigkeit der französischen Mode – und ein bisschen so fühlt man sich auch im Bistro „Les Deux Dienstbach". Les Deux heißt übersetzt „die zwei", und das erklärt sich folgendermaßen:
Jennifer und Nathalie Dienstbach sind die beiden Inhaberinnen des Restaurants, und sie lieben gutes Essen – französisches Essen. Chef de la Maison ist Jennifer Dienstbach, die am Institut Paul Bocuse und an der Université Jean Moulin studierte. Chef de la Cuisine ist Nathalie Dienstbach, die ihre Lehre in der mit drei Sternen ausgezeichneten „Schwarzwaldstube" in Baiersbronn absolvierte. Als 2012 die ehemalige Apotheke in der Unteren Albrechtstraße nahe Hauptbahnhof frei wurde, übernahmen sie die schönen Räumlichkeiten, und nach umfangreichen Renovierungsarbeiten ist es jetzt ihr kleines französisches Bistro. Dort stehen Klassiker wie Entrecôte mit hausgemachter Sauce Béarnaise, Tartines, Galettes und wechselnde Tagesgerichte wie Hummer oder Bouillabaisse auf der Karte. Viele gute Weine und Crémant stehen ebenfalls zur Auswahl. Ein Teil der Familie kommt aus der Normandie, und man spürt die starke Verbindung zur dortigen Region. Im Sommer sitzt es sich lauschig im Hinterhof, und ja, es fühlt sich immer an wie ein Kurztrip nach Frankreich. Das historische Ambiente der ehemaligen Apotheke entführt den Gast in eine andere Zeit, und wenn dann noch ein gutes Glas Wein in einem dieser verschnörkelten Weingläser vor einem steht, ist der Alltag schnell vergessen. Was diese sehr besondere Atmosphäre schafft, sind auch die antiken Gläser und das alte Geschirr. Der Service ist jung und unkompliziert und dabei stilvoll in bretonischen Streifenlook gekleidet, und sie alle schaffen es, Tag für Tag eine sympathische Leichtigkeit zu zelebrieren, die sich in Nullkommanix auf den Gast überträgt. Ein wahrer Glücksort, für den man aber vorher einen Tisch reservieren sollte, denn die Plätze sind sehr begehrt.
A bientôt!

Restaurant Les Deux Dienstbach, Untere Albrechtstraße 16, Wiesbaden, Tel. (06 11) 33 46 07 72 www.les-deux-dienstbach.de

ÖPNV: Bus 1, 8, 14, 27, 45, 47, Hauptbahnhof oder Haltestelle Geschwister-Stock-Platz

Der Weg ist das Ziel

75 *Die Autobahnkirche an der A3*

Die Bundesautobahn zwischen Köln und Nürnberg ist allgemein unter A3 bekannt und aus den Verkehrsnachrichten nicht wegzudenken. Es gibt immer irgendeine Meldung über Stau oder Unfälle, denn auf der Strecke treffen die Fahrstile aller Herren Länder aufeinander, dazu kommen viele Lkws, und so passiert ständig irgendwas. Kurzum die A3 ist vielfach einfach nur Stress. Dabei ist es links und rechts der Strecke wunderschön: Vom Süden her der Spessart, der Odenwald, die Mainebene, hinter dem Wiesbadener Kreuz geht es waldig weiter in Richtung Limburg mit der einen oder anderen Burg am Wegesrand. Es ist also eine wirklich abwechslungsreiche Streckenführung, und kaum einer macht während der Fahrt Pause. Doch wenn man die Eintragungen im Gästebuch der Autobahnkirche an der Autobahnraststätte Wiesbaden-Medenbach liest, erfährt man eine ganz andere Geschichte. „Gestiftet als Oase der Ruhe und Besinnlichkeit für alle Menschen, die der Hast des Alltags entfliehen und im stillen Gebet Frieden finden wollen", heißt es auf der Internetseite. Die Kirche wurde durch eine Stiftung ermöglicht, und seither kümmert sich die evangelische Kirchengemeinde um die Anlage. Es brennen immer einige Kerzen, und offensichtlich bietet die Kirche vielen Reisenden Trost und ist für sie ein Ort, an dem man in der Stille neue Kraft und Zuversicht schöpfen kann.

TIPP Es gibt noch weitere Autobahnkirchen in Deutschland, siehe: www.autobahnkirche.de

Die Kirche ist geöffnet von Sonnenaufgang bis Sonnenuntergang. Die Glasdecke schafft ein dramatisches Licht, und man fühlt sich mit den Elementen verbunden und doch geschützt. Auch wenn man nicht gläubig ist, lohnt sich ein Besuch, denn allein der Kontrast zu der Betriebsamkeit auf der Autobahn kann kaum krasser sein als hier. Von März bis Dezember findet einmal im Monat eine Andacht statt und manchmal auch ein Gottesdienst. Circa 40.000 Besucher pro Jahr kann die Autobahnkirche verzeichnen, und es werden jedes Jahr mehr. Ein schöner Ort, um zu spüren, was wirklich wichtig ist im Leben.

www.autobahnkirche-medenbach.de

ÖPNV: Bus 21, 26, 128, Haltestelle Medenbach. Fußweg ca. 20 Minuten

76 *Die Minigolf-Anlage an der Straßenmühle*

Wenn man im Sommer raus aus der City möchte und trotzdem ein urbanes Erlebnis sucht, dann ist die Straßenmühle im Stadtteil Dotzheim eine Empfehlung. Es ist immer noch in der Stadt, doch es fühlt sich von der Umgebung schon sehr nach Ausflug ins Grüne an. Wer mit dem Auto anreist, findet hier ausreichend Parkmöglichkeiten, per Rad erreicht man die Anlage über einen schönen Radweg quer durch die Schrebergärten. Ist man in der ruhigen Seitenstraße angekommen, hat man den Alltag schon fast vergessen. Die Minigolf-Anlage lädt seit über 50 Jahren zum Spiel ein und wird in zweiter Generation von Familie Gebauer geführt. Es gibt 18 Bahnen, und manche sind sogar recht anspruchsvoll, und ja, es werden auch Turniere veranstaltet, doch eigentlich geht es mehr um den Spaß am Spiel als um sportliche Ambitionen. Vieles sieht noch so aus wie damals, und gerade das macht den Charme der Anlage aus. Hier treffen Generationen aufeinander, und es ist ein schönes Angebot für Familien, denn die Bahnen sind für Kinder ab 6 Jahren geeignet. Manche Bahnen sind noch aus den Sechzigerjahren, doch es wurde immer wieder modernisiert, denn Minigolf ist gefragt, besonders dann, wenn die Anlage so schön gelegen ist. Sie ist parkähnlich angelegt, man spielt unter Bäumen und zwischen Blumenbeeten, dazu laden Sitzbänke zu einer Entspannungspause ein. Im Anschluss empfiehlt sich ein Besuch gegenüber im Restaurant Straßenmühle. Drinnen ist es klein und gemütlich, draußen sitzt man im großen Biergarten unter hochgewachsenen Bäumen und hat doch genug Sonne, der Brunnen schafft ein erfrischendes Flair. Schon seit 1890 gibt es die Straßenmühle, und sie ist seither ein beliebtes Ausflugslokal am Platz einer ehemaligen Mühle. Das Restaurant bietet gutbürgerliche Speisen, auch die hessische Spezialität Handkäs' mit Musik steht auf der Karte. Für Eilige gibt es im Sommer eine Self-Service-Ausgabe, falls man nur eine schnelle Erfrischung sucht. Ansonsten kann man hier den Abend gemütlich ausklingen lassen, es fühlt sich an wie ein Kurzurlaub.

Minigolf Straßenmühle, Straßenmühlweg 3b, Tel. (06 11) 9 41 07 74
www.minigolf-wiesbaden.de
Wirtshaus & Biergarten Straßenmühle, Straßenmühlweg 4, Tel. (06 11) 73 28 66 11
ÖPNV: Bus 18, 39, Haltestelle Straßenmühle

Kunst im Hinterhaus

77 *Galerie Bellevue-Saal in der Wilhelmstraße*

Die Wilhelmstraße ist Wiesbadens „Rue“ und seit jeher die beliebteste Flanierstraße der Stadt. Sie ist die Zufahrt zum Theater und Kurhaus, zum Luxushotel Nassauer Hof und zum ältesten Hotel der Welt, dem Hotel Schwarzer Bock, und eigentlich kommt man an ihr nicht vorbei. Wer hier flaniert, gibt auch gerne mal mehr Geld aus, und so stehen in den Schaufenstern Schuhe, die ein Monatsgehalt kosten. Doch die Mischung macht's, denn geht man zwischen zwei Boutiquen in einen Hausflur, steht man vor dem Eingang zur Galerie für zeitgenössische Kunst. Die Tür mit Verzierungen aus der Zeit des Jugendstils führt in den Bellevue-Saal, den Speisesaal des ehemaligen Kurhotels Bellevue, dort wird von einem Kunstverein seit über 25 Jahren moderne Kunst präsentiert. Dank des Engagements von Bürgern, Künstlern und finanzieller Unterstützung der Stadt ist der Ausstellungsort aus dem kulturellen Leben Wiesbadens nicht mehr wegzudenken. Das Konzept sieht vor, dass immer ein hiesiger und ein auswärtiger Künstler eine Ausstellung im Bellevue-Saal konzipieren und realisieren. Das vor Jahren entwickelte Konzept bestimmt auch heute noch den größten Teil der Ausstellungen, und der Verein vergibt inzwischen sogar Stipendien. Eine weitere Ausstellungsreihe sind Künstler über 60, die im Wechsel vorgestellt werden. Das Konzept kommt an, und, während draußen der Luxus tobt, wird hier der Kopf angeregt. Ein Juwel, das die Stadt und vor allem die Wilhelmstraße wunderbar abwechslungsreich macht. Nicht nur visuelle Kunst wird gezeigt, hin und wieder werden auch besondere Klang-Performances präsentiert. Der Raum, der eher an einen Tanzsaal erinnert, liegt in unmittelbarer Nähe zum Landesmuseum Wiesbaden, dem Nassauischen Kunstverein, dem Literaturhaus Villa Clementine und dem Hessischen Staatstheater Wiesbaden. Der Bellevue-Saal nimmt auch regelmäßig an der Veranstaltung „Kurze Nacht der Museen und Galerien“ teil, wenn an einem langen Abend im Frühjahr zwischen 19 und 24 Uhr die teilnehmenden 26 Institutionen und Galerien kostenfrei besucht werden können.

TIPP

Bei der Nacht der Museen kommen auch Oldtimer-Fans auf ihre Kosten. Auf Veranstaltungshinweise achten.

Bellevue Saal, Wilhelmstraße 32, Wiesbaden
www.kunstverein-bellevue-saal.de
ÖPNV: Bus 1, 8, Haltstelle Wilhelmstraße

Mal Laden, mal Lokal

78 *Der Esstisch im Dorfladen*

Nicht immer, aber immer öfter kann man samstags an der großen Tafel im Dorfladen Platz nehmen. Eigentlich ein Ladengeschäft, das aber mal Gaststube ist. Bis zu 18 Plätze bietet das Lokal insgesamt, und es wird ein komplettes Menü – je nach Koch oder Angebot – serviert. Mal gibt es griechisch, mal syrisch oder ein mediterranes Cross-over. Zum Essen gibt es Getränke nach Wahl, alles zu fairen Preisen. Der Esstisch ist improvisiert und doch schon wieder eine Institution. Es fühlt sich mehr an wie ein Wohnzimmer oder eine Dorfschenke mit griechischem Flair. Bei den mediterranen Speisen kommt Urlaubsstimmung auf, und gefühlt ist man weit weg von Wiesbaden. Das Herzensprojekt der beiden Gründer begann 2012. Sie starteten mit nur einem Produkt, nämlich Olivenöl aus selbst geernteten Oliven, das sie aus Griechenland importierten. Das ausgezeichnete Öl kam in Wiesbaden gut an, und im Laufe der Zeit hat sich ein Netzwerk aus Freunden und Liebhabern guter Lebensmittel gebildet, und die Produktauswahl wird seither regelmäßig erweitert. Zur Olivenernte nach Griechenland reist man inzwischen auch mal als Gruppe, denn es haben sich Freundschaften gebildet, und der Kreis wird immer größer. Die abwechslungsreichen Dinner-Events sind fast immer ausgebucht, deshalb muss man rechtzeitig vorplanen und sich vorher anmelden. Damit steigt die Vorfreude. Soll es ein griechischer oder syrischer Abend werden? Man hat die Qual der Wahl und wenn man nicht zum Menü dabei sein möchte, kommt man vielleicht erst später auf ein Glas Wein dazu. Wiesbaden geht gerne aus, doch die speziellen Angebote sind versteckt. Aber es ist erfreulich, dass neue Restaurant-konzepte entwickelt werden und neben der Systemgastronomie auch individuelle Ideen auf fruchtbaren Boden fallen. Das Viertel rund um den Luxemburgplatz bietet noch weit mehr zu entdecken: Weinbars, Galerien und kleine Restaurants – ein paar schöne Juwelen, die die Stadt abwechslungsreich machen.

DER DORFLADEN Kulinarik GmbH, Albrechtstraße 46, 65185 Wiesbaden
www.der-dorfladen.eu/esstisch
ÖPNV: Bus 8, Haltestelle Scheffelstraße

Wie römisch ist das Römertor?

79 *Das Römertor an der Heidenmauer*

Geht man am Römertor in der Coulinstraße seitlich neben der Brücke den Fußweg nach oben, eröffnet sich einem vom Plateau eine wunderbare Aussicht über die Dächer der Stadt. Hier treffen sich Touristen und Liebespaare, aber auch Passanten, die den Weg als Abkürzung „nach oben" nehmen. Von hier aus blickt man über das Pressehaus mit der inzwischen türkisfarbenen Kupferstatue „Das Wissen" bis hin zur markanten Marktkirche in rotem Backstein und genießt einen fulminanten Blick über die Dächer der Stadt. Das hölzerne Römertor an der linken Seite hat jedoch nichts mit den Römern zu tun, doch immerhin – es verbindet die Reste des ältesten Bauwerks aus der Römerzeit, der „Heidenmauer", die tatsächlich aus dem dritten Jahrhundert nach Christus stammt. Die alte Mauer störte beim Straßenbau 1902, und man durchbrach das historische Bauwerk. Auf den Mauerüberresten baute man dann eine verbindende, bunt angemalte Holzbrücke im romantisierenden Stil, denn das war damals schick – ein „Römertor" war entstanden. Das ist das ganze Geheimnis, das hinter dem Namen „Römertor" steckt, doch jeder Tourist fragt sich wahrscheinlich, warum eine bunte Holzbrücke so genannt wird. An den Weg nach oben schließt sich ein schöner Rundgang an, wenn man dem Trubel in der Innenstadt ein wenig entfliehen möchte. Wenn man rechts über den Hirschgraben wieder bergab in Richtung Obere Webergasse und Tattersaal geht, lernt man eine ganz andere Seite von Wiesbaden kennen, die schmalen Gassen mit den kleinen Geschäften muten geradezu italienisch an. Kurz überlegt man, ob das Römertor am Ende vielleicht doch etwas mit Rom zu tun hat? Darüber sinniert es sich am besten bei einem Glas Riesling in der schönen Vinothek Wingert bei Holger Schwedler in der Oberen Webergasse, der einem den passenden Wein empfehlen wird, denn er verfügt über eine große Auswahl an Rheingauer Winzerweinen.

TIPP Schauen Sie auch mal beim Nähatelier von Grit Hoff in der Oberen Webergasse vorbei!

Römertor/Coulinstraße, 65185 Wiesbaden
Vinothek Wingert, Obere Webergasse 50, 65183 Wiesbaden, Tel. (06 11) 16 88 65 55
www.wingert-vinothek.de
ÖPNV: Buslinie 3, Haltestelle Michelsberg

80 *Geheimtipp auf der Platte*

Wiesbaden liegt am Fuße des Taunusgebirges und ist herrlich zum Wandern. Ein beliebtes Ausflugsziel, besonders für den Sonntagsspaziergang, ist die „Platte", so heißt der Ort mit Jagdschloss und großem Parkplatz auf einem rund 500 Meter hohen Ausläufer im Naturpark Rhein-Taunus. Man erreicht den Ort über die Bundesstraße 417, die in lang gezogenen Serpentinen durch dichten Wald den Berg hochführt. Auf seiner höchsten Stelle geht es rechts zur Ruine des Jagdschlosses Platte.

Manche haben als Ziel das gutbürgerliche Essen im Restaurant, oder man genießt nur die Höhenluft. Es gibt einige Rundwege, die sich für einen kleinen Spaziergang eignen sowie einen schönen Aussichtsplatz, an dem man nicht vorbeigehen sollte. Bei gutem Wetter hat man einen weiten Blick und sitzt dabei schön geschützt unter Bäumen. Hier hat man eher seine Ruhe, denn rund um den Parkplatz ist an Sonn- und Feiertagen schon fast so viel los wie in der Fußgängerzone. Der Weg dahin ist einfach, und hat man das mächtige historische Jagdschloss mit modernem Glasdach ausreichend bewundert, spaziert man den oberen Wanderweg rechts in den Wald hinein. Nach etwa 100 Metern geht es scharf rechts ins Moos. Über modrige Baumstämme windet sich ein kleiner Trampelpfad tiefer in den Wald. Bald erreicht man den idyllischen Aussichtsplatz mit Sitzbank, an dem man die Seele baumeln lassen kann. Hier war vor vielen Jahrzehnten einmal ein Steinbruch, doch jetzt hat die Natur alles überwuchert. Egal ob im Sommer oder Winter, hier oben genießt man einfach nur den Ausblick über die Baumwipfel bis weit ins Tal und die Ruhe. Die Stadt ist weit unten, und es fühlt sich ein klein wenig an wie Urlaub in den Bergen.

Im Winter macht sich tatsächlich auch ein Temperaturunterschied bemerkbar, und während man in der Innenstadt schon lange keinen Schnee mehr hat, liegt er hier oben noch, und die Wege sind vereist. Deshalb gibt es auch eine kleine Rodelbahn, und in schneereichen Wintern fährt am Wochenende sogar ein Ski-Express stündlich vom Hauptbahnhof (Linie 30) nach oben.

Jagdschloss Platte, Platte 1, 65195 Wiesbaden
ÖPNV: Bus 270 und 271, Haltestelle Wiesbadener Platte

Bibliografische Informationen der Deutschen Nationalbibliothek
Die Deutsche Nationalbibliothek verzeichnet diese Publikation in der Deutschen Nationalbibliografie; detaillierte bibliografische Daten sind im Internet über http://dnb.d-nb.de abrufbar.

Konzeption/Satz: Droste Verlag, Düsseldorf
Einbandgestaltung und Illustrationen: Britta Rungwerth, Düsseldorf unter Verwendung von Bildern von © Fotolia.com: jd – photodesign.de; © iStock: Plociennik Robert
Fotos: Bärbel Klein, außer:
S. 125: fotostudio9
Druck und Bindung: Gutenberg Beuys Feindruckerei GmbH, Langenhagen
ISBN 978-3-7700-2144-4

www.drosteverlag.de